길 위의 신부
문정현

신부님, 평화가 뭐예요

문정현 신부님은 무수히 많은 얼굴을 가졌어요

하얀 로만 칼라에 까만 신부복을 입었을 때는 근엄하신 신부님이고요, 아코디언을 연주하며 노래 부를 땐 끼 많은 가수고요, 아이들 옆에 있을 땐 간지럼 태우기 대장에 영락없는 장난꾸러기 소년이지요. 무엇보다 할아버지는 잘못된 일을 그냥 지나치지 못하는 정의의 사나이예요. 지팡이를 휘두르며 불같이 화를 내는 호랑이 신부님이지요.

▲ 1966년 전주 중앙성당에서 서품식을 가진 뒤에.
가운데 꽃을 든 문정현 신부님, 양옆에는 동생 문규현, 문현옥 수녀,
바로 앞에 외할머니, 그 양옆에 어머니와 아버지.

▲ 신학대학을 마치고 1965년, 마침내 사제가 된 문정현 신부님(맨뒷줄 왼쪽에서 셋째).

▶ 1976년 명동성당에서 3·1절 기념 미사에서 민주주의를 바라는 선언을 한 이유로 구속된 문정현 신부님.

▼ '프로 보비스 에트 프로 물티스' 하느님과 모든 것을 위해 자신을 헌신하는 사제가 되겠다는 꿈을 키운 가톨릭 대학.

신부님, 평화가 뭐예요?

평화가 뭐 별거 있겠어요?
'쫓겨난 노동자가 일자리를 되찾는 것', '천연기념물인 두꺼비, 맹꽁이가 멸종되지 않는 것', '장애인이 가고 싶은 곳을 가는 것', '미군 기지로 땅을 빼앗기지 않는 것', '이라크에서 미군이 철수하는 것' 들이 평화지요. 문정현 신부님이 생각하는 평화는 어려운 게 아니에요. 제자리에 있게 하는 것, 그것이 평화라고 생각해요.

▶ 신부님은 젊어서부터 손풍금(아코디언) 연주를 잘했어요.
신부님 모르게 준비한 회갑잔치에서 아코디언을 연주하는 모습.

▼ 미국 메리놀 신학대학 시절,
함께 공부한 동료들과 함께.

▲ 이라크 전쟁을 비롯해 모든 전쟁을 멈추는 게 평화라고 생각하는 할아버지 신부님.

▼ 정 많고 눈물 많기로 이름난 문정현 할아버지. 나무, 도룡뇽 등 작고 힘없는 자연을 파괴하지 말라며 단식을 하고 있는 지율 스님을 만나 눈물을 떨구는 문정현 신부님.

오토바이 타고 하얀 수염 휘날리며

문정현 할아버지가 걸어온 발자국 하나하나에는 우리 나라가 걸어온 역사가 숨어 있어요.
조금은 못나고 미운 모습이지만 깨끗이 닦고, 바르게 만들려고 애쓴 할아버지 신부님.
오늘도 할아버지 신부님은 부르릉, 오토바이를 타고 하얀 수염을 휘날리며 달려요.
과거를 내세우지 않고, 오늘을 열심히 사는 것이 할아버지 다짐이니까요.

◀ 동생 문규현 신부와 함께.

▶ 오토바이 탄 할아버지 신부님.

▲ 미군 장갑차에 치여 목숨을 잃은 효순이, 미순이를 추모하는 촛불집회에서.

▲ 총을 녹여 쟁기로 만들어
대추리를 지키고 평화를 지키자.

▶ 평화를 퍼뜨리러 유랑을 다니는
평화유랑단 '평화바람' 식구들과.

우리인물이야기 02

길 위의 신부 문정현_
신부님, 평화가 뭐예요

2006년 11월 20일 처음 펴냄
2013년 4월 15일 4쇄 펴냄

지은이 • 김 평
그린이 • 손문상
펴낸이 • 신명철
펴낸곳 • (주)우리교육
등록 • 제313-2001-52호
편집장 • 장미희
기획 · 편집 • 나익수, 조명숙
디자인 • 최희윤
사진 • 노순택
주소 • (121-841) 서울시 마포구 서교동 449-6
전화 • 02-3142-6770
팩스 • 02-3142-6772(주문), 02-3142-8108(출판)
홈페이지 • www.uriedu.co.kr
이메일 • urieditor@uriedu.co.kr
출력 • 한국커뮤니케이션
인쇄제본 • (주)상지사 P&B

· 잘못된 책은 구입하신 서점에서 바꾸어 드립니다.
· 이 책의 내용을 쓰려면 반드시 저작권자와 (주)우리교육에 서면 허락을 받아야 합니다.
· 책값은 뒤표지에 있습니다.

ⓒ 김 평, 손문상, 2006
ISBN 978-89-8040-722-4 74810
       978-89-8040-720-0(세트)

이 책의 국립중앙도서관 출판시도서목록(CIP)은 e-CIP 홈페이지(http://www.nl.go.kr/cip.php)에서 이용할 수 있습니다. (CIP제어번호 : CIP2006002326)

길 위의 신부
문정현

신부님, 평화가 뭐예요

김 평 지음 | 손문상 그림

우리교육

문정현 신부님을 알게 해 준 내 친구이자 남편 노순택과 장난꾸러기 문정현 신부님을 알게 해 준 내 딸 노을, 끝없이 용기를 불어넣어 준 우리교육의 나익수 선생님, 또 할아버지 신부님과 찌그락 째그락 평화 유랑을 하고 있는 '평화바람' 식구들, 우리 사회의 어두운 곳에서 밝음을 찾고 계시는 수많은 문정현 신부님들께 깊은 감사를 드립니다.

이 책을 읽는 어린이에게

지난 해 겨울, 한 달 정도 집을 떠나 평택 대추리에 머물렀어. 그 겨울, 작은 마을에 어찌나 바람이 세차던지 머릿속까지 꽝꽝 얼어서 아무 생각이 안 날 정도였단다. 내복을 두 개나 껴입고 스웨터, 코르덴 바지, 오리털 점퍼까지 입었지만 그래도 추워서 담요를 뒤집어쓰고 다녔어. 양말도 두 켤레나 신었지만 발이 시려서 한군데에 가만히 서 있을 수가 없었어.

뒤뚱뒤뚱 종종거리며 돌아다녔지.

그곳에서 하루 내내 바쁜 문정현 신부님을 지켜보았어.

이야기하고, 노래하고, 고민하는 할아버지 신부님 말이야.

사실 할아버지 신부님이 너무 바빠 인터뷰를 하는 데 무척 애를 먹었단다.

"저, 신부님. 지금 시간 있으세요?"

할아버지 신부님을 보고 다가가 물으면 거의 언제나, "어, 나 지금 이거 해야 되는데." 그러셨어. 어쩌다 시간이 맞아 신부님과 이야기라도 할라치면 손님이 찾아오거나 전화가 걸려 와 훼방을 놓았지.

그래도 막무가내로 "안 돼요, 어린이 친구들에게 신부님 얘기를 들려줘야 한단 말이에요. 재밌는 이야기 좀 해 주세요." 하고 졸라야 되는데!

휴우, 그 말을 하는 게 어찌나 어렵던지. 자꾸만 땀이 삐질삐질 나고 얼굴이 빨개져서 말이야, 목소리가 기어들어 가는 것 있지. 게다가 쉬는 시간도 모자랄 만큼 바쁜 할아버지 신부님을 괴롭힐 염치가 없었어.

할아버지가 걸어온 길을 하나하나 따라가 보면, "우리 나라가 정말 이랬어?" "우리 나라 맞아?" 할지도 몰라. 할아버지는 늘 우리 나라 역사 가운데서도 어둡고, 밉고, 잘못된 곳에 서 있었으니까.

누구에게나 좋은 점과 나쁜 점이 있듯이 이 세상에도 좋은 점

과 나쁜 점이 있어.

 왜 그렇잖아. 불량 식품을 아예 만들지 않으면 사 먹지 않을 텐데, 누군가 꼭 불량 식품을 만든단 말이야. 그것처럼 평화롭게 지내는 게 좋은 걸 알면서도, 자연을 보호하는 게 옳다는 걸 알면서도, 어려운 사람을 도우며 사는 게 행복하단 걸 알면서도 욕심을 부리고, 자연을 파괴하고, 전쟁을 일으키는 누군가가 있단다.

 하지만 잘못된 것을 알면서도 모르는 척한다면 더 나빠지겠지?

 할아버지는 우리 나라의 여러 가지 모습 가운데 슬프고 어둡고 나쁜 곳을, 기쁘고 밝고 좋게 만들려고 노력하신 분이야. 어렵사리 할아버지가 살아온 이야기를 책으로 묶었지만, 할아버지 이야기는 아직도 이어지고 있단다.

2006년 9월 김 평 씀

차례

이 책을 읽는 어린이에게 • 11

바쁘다 바빠 할아버지 • 16

개구쟁이 둘째 • 29

눈 감으면 코 베어 간다는 서울 생활 • 43

수박 좀 사세요 • 51

인혁당 당수 신부 • 60

우리 아들, 김대건 신부 되어야 해 • 75

작은 자매의 집 아이들 • 90

내 동생 내놔라 • 99

문신부, 쭉 그렇게 살아 • 108

할아버지보고 깡패 신부라던데? • 120

평화를 찾아 떠나는 유랑 • 140

오늘도 거리에서 • 150

평화로운 기억 하나 • 157

바쁘다 바빠 할아버지

하얀 수염을 휘날리며 부르릉 오토바이 한 대가 바삐 움직여.

머리엔 알록달록 꽃 그림 헬맷, 어깨에 비디오카메라 가방, 두둑한 호주머니에는 작은 수첩과 볼펜. 언제나 바쁜 할아버지 신부님, 무얼 하려는 걸까?

깃발이 휘날리는 대추 초등학교, 벼가 누렇게 익어 가는 너른 황새울 들판, 풍물을 치며 길놀이하는 모습, 구호를 외치는 집회, 뜨고 내리는 전투기와 헬리콥터, 방패를 들고 선 전경들……. 비디오카메라로 곳곳을 누비며 찍고, 메모를 해. 그런 할아버지를 취재하는 기자들까지 곁에 있어.

그렇게 바깥에서 몇 시간 동안 촬영을 하더니 집으로 돌아와서 찍어 온 영상을 편집해.(사실, 편집하는 데 걸리는 시간은 찍는 시간의 몇 배야. 오 분, 십 분짜리 영상물을 만드는 데 하루 내내 매달려도 모자라.) 찍은 영상을 보고 또 보고, 줄이고, 멈추고…… 영상에 어울리는 음악도 찾고, 군데군데 글도 써넣어야 하지. 써넣은 글자도 꾸며야 하고. 이렇게 꼬박 며칠이 걸려야 인터넷 사이트에 영상물을 올릴 수 있어.

그런데 이렇게 영상 작업이나 원고를 쓰는 일은 약속이 없을 때 짬짬이 하는 일이란다.

'평택 미군 기지 확장 반대 범국민 대책 위원회' 공동 대표.

할아버지 신부님이 평택시 팽성읍 대추리 마을에서 맡고 있는 일이야. 그러니 대추리나 평택에서 하는 회의에도 가

야 하고 대추리 문제에 관심을 갖고 찾아오는 사람들도 만나야 하지. 이곳을 찾는 대학교수, 종교인, 연예인, 기자 같은 사람들은 꼭 할아버지 신부님을 만나고 싶어하거든.

여기저기 와 달라는 데도 참 많아. 대학, 노동조합, 시민 단체 들에서 강연을 부탁하기도 하고, 5·18 광주 항쟁 기념식, 6월 항쟁 기념식 같은 우리 나라 민주화와 관련한 행사에도 자주 초대받아. 행사에는 빠져도 누가 어디서 파업을 한다, 단식을 한다 하면 꼭 힘을 북돋우러 가지.

무슨 신부님이 이런 일을 하냐고? 도대체 미사는 언제 드리냐고?

물론 할아버지 신부님은 신부니까 미사를 드리지. 평일엔 대추리 마을에 있는 공소*성당이 없는 마을에 세우는 기도하는 곳 에서, 주말엔 익산에서 미사를 드려.

'작은 자매의 집.'

할아버지 신부님이 익산에서 몸이 불편한 아이들과 함께 사는 곳인데, 할아버지는 이곳 원장 신부님이거든.

할아버지 신부님이 하는 일은 이게 다가 아니야. 지금껏

맡아 온 자리만 해도 백 개는 넘을걸! 오죽했으면 별명이 '문대책'일까? 여기저기 '대책 위원회' 위원장을 하도 많이 맡아서 그래. 그나저나 일흔이 다 된 할아버지 맞아? 몸이 열 개라도 모자라겠다.

"평택시 남서쪽 논길 따라 오십 리

대추리 도두리 우리의 고향,

미국이 아무리 자기네 땅이라 우겨도 팽성은 우리 땅

해방 이전부터 군부대 땅이라고 억지로 우기면 정말 곤란해

수천 년 살아온 선조들이 웃는다 팽성은 우리 땅

독도도 우리 땅 팽성도 우리 땅,

용산도 우리 땅, 군산 우리 땅

그 어느 곳에도 미군 기지 안 된다

팽성은 우리 땅, 우리 땅!"

어둠이 사방을 꽉 메운 저녁 여덟 시. 대추 초등학교 운동장에서 '독도는 우리 땅' 가락에 노랫말을 바꿔 붙인

'팽성은 우리 땅' 노래가 터져 나오고 있었어. 할아버지 신부님 목소리야. 이렇게 기차 화통 삶아 먹은 것처럼 우렁찬 소리를 낼 사람은 할아버지 신부님밖에 없으니까.

할아버지 신부님이 한쪽 손에 든 지팡이를 저으며 노래를 부르고 있어. 어찌나 목소리가 우렁차고 큰지 마이크 없이도 바깥까지 다 들려. 노래가 끝나자마자 숨 쉴 틈도 안 주고 할아버지 신부님은 구호를 외쳐.

"미군 기지!" 하며 할아버지 신부님이 먼저 외치면,

"막아 내자!" 사람들이 받아 외치고.

"올해도!" 하고 또 할아버지 신부님이 외치면,

"농사짓자!" 하며 사람들이 받아 외치고.

이렇게 대여섯 번은 외쳐야, 그것도 죽을힘을 다해 외쳐야 구호가 끝나. 목이 아프도록 큰 소리를 지르고 나면 어쩐지 속이 후련해지는 것 같아. 배에서부터 힘을 내서 지르면 용기도 생기는 것 같고 말이야.

할아버지 신부님 이마에도 송글송글 땀이 맺혔어. 할아버지도 젖 먹던 힘까지 끌어 모아 소리를 질렀던 거야.

잠깐 어수선해진 비닐하우스 안.

"나는 나를 안 쳐다보면 말을 못 해요. 처음에는 귀하게 여기는 것 같더니 만날 오니까 귀한 것도 몰라요."

할아버지 신부님이 투정 섞인 말을 내뱉으니, 사람들이 와르르 웃음을 터뜨려.

"아닙니다. 신부님, 사랑해요!"

여기저기서 손뼉을 치며 소리를 외쳐.

"이것 갖고 안 돼요! 박수, 더 크게!"

와! 함성과 함께 비닐하우스 안은 어느새 열기로 꽉 채워졌어.

"자꾸 대추리를 찾는 사람들이 많습니다. 대추리를 지키려는 마음이 점점 커지고 있습니다. 평화를 간절히 바라는 사람끼리 모이면 그것이 힘이 되고, 그 힘은 평화를 지킬 수 있습니다! 평화가 무엇입니까? 여기 황새울 들녘에서 논갈이를 하고 모를 심고 푸른 들이 되어 쌀을 내는 것이 평화입니다. 폭력은 무엇입니까? 강제 진압, 미사일, 탱크가 폭력입니다. 여러분, 평화를 지키기란 쉽지 않습니다.

하지만 대추리 마을을 전쟁과 두려움이 없는 평화 마을로 만듭시다!"

대추리에선 저녁마다 촛불 행사가 열려. 옛 대추 초등학교 운동장에 비닐하우스를 지어 놓고 대추리 마을을 지키자는 촛불 행사를 열어. 그런데 무엇으로부터 마을을 지키냐고?

국방부와 미군이 농사짓는 땅을 메워, 대포도 갖다 놓고 미사일도 갖다 놓는 미군 기지를 짓겠다고 했거든. 대추리 주민들은 일제 강점기 때와 한국 전쟁 때에도 마을에서 쫓겨난 적이 있었어. 모두 군 기지를 짓겠다는 것 때문이었지. 겨울이 다가오는 가을에 쫓겨나 굶어 죽고 얼어 죽은 어린아이와 노인들이 셀 수 없이 많았어. 억울해도 하소연 한 번 제대로 못 하고 쫓겨나고 말았어. 그렇게 아픈 상처가 철조망이 되어 마을에 바로 이웃해 있어. 대추리 사람들이 사는 집 담 건너가 바로 미군 기지니까.

그런데 미군 기지를 더 넓혀 짓겠다며 또 나가라는 거야.

일제 강점기 시절이나 한국 전쟁 때와 다를 바 없이 주민들 의견은 물어보지도 않고 나라에서 계획한 거니 무조건 따라 달라는 거야. 주민들, 누구보다 할아버지 할머니 농부들은 더욱 기가 막혔어. 억울하고 분한 마음도 들었지. 원래 황새울 들녘은 주민들이 맨손으로 갯벌을 메워 일군 논이야. 없던 땅을 만들어 놓으니 이제 와서 내놓으라는 식이잖아.

게다가 이곳은 서해에 가까이 있기에 자칫 잘못하다가는 중국과도 마찰을 빚을 수 있는 곳이야. 전쟁을 막는다는 구실로 기지를 지었다가 전쟁을 일으킬 수도 있는 위험이 있어.

대추리 주민은 아니지만, 대추리에 미군 기지를 짓는다는 소식을 들은 사람들이 하나 둘 모여들었어. 새가 날아들고 곡식이 자라는 평화로운 마을이 대포와 미사일로 가득한 전쟁의 땅으로 바뀌는 것을 막아야겠다고 생각한 사람들이지.

저녁마다 열리는 촛불 행사장은 마을 어르신들이 옛날이

야기도 하고, 마을을 찾아온 사람들이 평화에 대한 생각도 나누는 곳이 되었어. 모두 힘을 모아 대추리를 지켜 보자는 마음으로 천 일 가까이 촛불을 밝히고 있어.

물론 촛불 행사가 열리고 있을 때에도 미군 비행기가 뜨고 내려. 파파파, 헬기 날아가는 소리 때문에 마이크 소리도 잘 안 들리고, 정찰 불빛이 눈을 자극하기도 하지. 처음 전투기 소리를 들은 사람들은 전쟁이 일어나는 이라크의 밤이 이럴까 싶을 만큼 겁을 먹기도 해.

촛불 행사 내내 비디오카메라로 촬영을 하고, 작은 수첩을 꺼내 메모를 하고, 중간에 나가 노래도 부르고 얘기도 하는 할아버지 신부님. 성직자이면서 작은 시골 마을에서 영상을 찍고 연설을 하는 할아버지 신부님. 어쩐지 할아버지 신부님의 하얀 수염 아래 재미있는 이야기가 숨어 있을 것 같지 않니?

개구쟁이 둘째

"너, 이 대나무 어디서 났느냐?"

정현은 '아이쿠나' 싶었지만 늦었어.

아버지가 돌아오시기 전에 대나무 손질을 끝내려고 했는데, 잘라 놓고 보니 대나무가 여간 커야 말이지. 잔가지를 쳐 내느라 꽁꽁 언 손을 호호 불어 가며 애를 썼건만 끝내 들키고 말았어.

그럴싸한 장난감 하나 없던 시절이라 대나무는 아주 요

긴한 놀잇감이었어. 대나무 살을 가늘게 잘라 연을 만들고, 썰매도 만들었거든. 하지만 정현이네 집엔 대나무가 없었어. 썰매는 만들고 싶고, 그래서 정자네 집에서 슬쩍 대나무를 베어 왔지 뭐야.

그런데 그만 아버지한테 들키고 만 거야. 우물쭈물 대답을 못 하다 겨우 입을 열었지.

"저, 정자네 집에서요."

"아저씨가 네게 줬느냐?"

"아, 아니요."

"남의 집 대나무를 말도 없이 잘라 왔다고? 그건 도둑질이야, 도둑질. 당장 아저씨한테 가서 용서 빌어!"

그러면 그렇지, 불호령이 떨어졌어.

하지만 정현은 발이 떨어지지 않았어. 왜냐하면 말이야, 정자 고 계집애 때문이지. 같은 반이니까 학교 가서 죄다 나발을 불 거 아니야? 고 계집애만 없으면 용서를 빌겠는데, 도저히 정자 때문에 갈 수가 없는 거야.

아버지는 냉큼 가지 않는다고 노발대발 화를 내지만 정

자 얼굴이 떠올라 발이 떨어지지 않았어.

그때, 정현의 수호천사 엄마가 나타났어.

"정현이 너, 정자가 볼까 봐 그러지? 엄마가 막아 줄게. 엄마랑 같이 가자."

엄마는 언제나 정현의 속마음까지 읽었어. 다정스레 정현의 손을 끌어 주었지. 정현은 엄마 손을 잡고 겨우 정자네 집에 갔어.

"아, 아저씨."

"아이고, 무슨 일이냐? 어머니까지 모시고 왔네."

정현이 정자네 집 마당에 들어섰는데, 아니나 다를까 정자가 문틈으로 고개를 빠끔 내밀어 엿보고 있었어.

'아니, 정자 저 기집애가!'

정현이 우물쭈물하자, 엄마가 몸을 돌려 세우며 귓속말을 했어.

'자, 엄마가 옆으로 가려 줄게. 어서 아저씨한테 잘못했다고 말씀드려.'

"아저씨, 죄송해요. 말씀도 안 드리고 대나무를 잘라 부렸네요. 잘라 버렸네요."

아저씨 입가에는 화가 아니라 미소가 떠올랐어. 나무라시기는커녕 한참 아버지 칭찬만 하더니 대나무 한 그루를 더 주는걸.

'아이고, 하나도 다 못 다듬었는디, 이걸 또 어떡허라고 주신다나?'

정현은 하나 더 받은 대나무 때문에 밤늦도록 잔가지를 쳐 내느라 고생했지 뭐야.

신앙심이 깊어서인지 정현의 아버지는 옳고 그른 일에 아주 엄격했어. 정현의 고모부도 노름에 손을 댔다가 아버지한테 혼났는걸. 노름판에 쇠스랑을 들고 들어가 방바닥을 찍어 버리는 바람에 고모부가 아주 혼쭐이 났지.

그렇다고 무섭기만 한 분은 아니었어. 이웃을 내 몸같이 아끼는 일에도 늘 앞장섰지.

정현이 어린 시절엔 돌림병도 많았고, 못 먹어서 굶어 죽는 사람도 많았어. 아침에 자고 일어나 보면 통곡 소리가 들려올 정도였지.

누가 염병*에 걸리면 그 집엔 새끼줄을 쳐 놓고 아무도 얼씬하지 않았어. 병이 옮아 죽을 수 있었으니까. 하지만 아버지는 언제나 그런 집을 찾아가 음식을 갖다주고, 환자들을 정성껏 보살펴 주었어. 죽은 이가 있으면 손수 시신을 거둬 주기도 하고, 가족들의 슬픔을 달래 주기도 했어.

이렇게 좋은 분이었지만 아버지에게 불만이 조금도 없는 건 아니었어. 아버지는 장남인 형과 정현을 몹시도 차별했거든.

"왜 만날 나만 시켜요?"

열 번도 넘게 물지게를 지고 왔는데도 형은 방에서 책만 보고 있어. 심통이 난 정현은 입이 닷 발도 더 나왔지.

"큰아들도 일 시켜야 사람 되죠."

어머니도 옆에서 거들었어. 괜한 투정이 아니라 어머니가 보기에도 아버지가 너무할 때가 많았거든. 크든 작든 집안일 거드는 건 언제나 정현이 몫으로 돌리고, 첫째는 일을 거들려고 나서도 막았으니.

하지만 아버지는 꿈쩍도 안 해.

"어, 안 돼! 개는 일해 먹을 놈 아냐. 펜대 잡을 녀석이야. 안 돼!"

팔을 내저으며 정색을 해.

학교에 월사금을 낼 때도 형은 먼저 챙겨 주지만 정현은 돈이 있어도 미루다 미루다 주었어. 넉넉지 못한 형편을 모르는 건 아니지만, 그래도 정현은 부아가 났지.

엄한 아버지가 무섭긴 해도 정현도 가만히 있지만은 않았어.

"저도 월사금 주세요!"

"이놈이, 아비가 줄 때 되면 어련히 알아서 줄 텐데 왜 자꾸 귀찮게 굴어!"

아버지가 무섭게 성을 내셔. 그러면 미꾸라지처럼 사사삭 도망쳤다가 다시 아버지 앞에 나타나 "월사금 주세요." 하고 대들기를 몇 차례. 나중엔 정현이 꼭 아버지를 곯려 주는 것만 같아 재미있기까지 했다는걸.

정현은 아버지가 아무리 형하고 정현을 차별해도 형을

미워하진 않았어. 오히려 형이 가는 곳은 언제나 따라가고 싶어서 안달이었지.

"너, 따라오지 마."

"싫어. 나도 갈 거야!"

졸졸졸, 정현은 형 꽁무니를 따라다녔어.

한번은 형이 부엌으로 들어가 물을 마시는 거야. 그래서 정현도 따라 부엌에 들어갔지.

눈을 동그랗게 뜬 채 형이 뭐 하나, 형이 하는 건 다 따라해야지, 했어. 하지만 형의 속셈은 따로 있었어.

'물 마시는 척하다가 저 녀석을 떼어 놓아야지.'

"나도 물 마실 거야!"

아무것도 모르는 정현은 부엌으로 들어가 물 항아리에서 물을 뜨려고 했어.

정현이 물 항아리 쪽으로 몸을 구부린 순간, 형은 후닥닥 뒷간 쪽으로 뛰쳐나가 버렸어.

"형!"

정현은 마음이 급해졌어. 물을 마시다 말고 형을 쫓아 나가는데, 형이 더 급했나 봐.

뒷간 뒤로 나 있는 틈으로 나가려고 서둘다 그만 발을 헛디디고 말았어.

'풍덩!'

똥통에 한쪽 발이 빠지고 말았어!

"우하하하, 쌤통이다. 거봐, 나 두고 가려니까 그랬지."

"어휴, 내가 저 녀석 때문에 진짜, 어휴."

형은 화가 나서 얼굴이 붉으락푸르락했지.

"어디, 진드기 같은 나를 떼어 놓으시려고? 근데, 형 괜찮아?"

정현이 태어난 곳은 전라북도 익산 황등이야. 일곱 남매 가운데 둘째로 태어났지.

태어나 사흘 만에 유아 세례를 받았어. 집안 대대로 천주교를 믿었거든. 정현이 5대째니까, 우리 나라에 천주교가 처음 들어왔을 때부터라고 해도 틀린 말은 아닐 거야. 아버지가 엄격하신 것도, 궂은일을 마다하지 않는 것도 모두 신앙심에서 비롯한 것으로 보면 돼.

그렇게 믿어 온 신앙이어서일까? 정현의 어린 시절 기억 속엔 천주교 신앙과 관련된 기억이 많아. 외할아버지가 책을 읽으며 울던 기억은 어린 정현에게 잊을 수 없는 기억 가운데 하나야.

외할아버지가 읽은 책은 천주교 박해 때 순교한 신도들에 관한 책이었어. 조선 시대에 천주교가 들어왔는데 그땐 나라에서 천주교를 믿지 못하게 했거든. 천주교를 받아들인 사람들은 몰래 모여 기도를 하다가 들켜 목숨을 잃기도 했어.

외할아버지가 책을 읽다 눈물을 뚝뚝 흘리면 정현은 외할아버지 수염을 쥐어뜯으며 "할배, 울지 마!" 하고 떼를 썼어. 그때가 다섯 살 무렵일 거야.

좀 자라서는 할아버지를 따라 주일마다 성당에 가 미사를 보았어. 그리고 열두 살쯤 되었을 때 한 신부님에게서 이런 말을 들었지.

"정현아, 너 신부 되지 않으련?"

"집안 어른들께 한번 여쭤 보지유."

집에 돌아와 어머니에게 말씀드렸지.

"엄마, 신부님이 나보고 신부가 되믄 어쩌겠냐고 하시던디?"

"어휴, 우리 아들이 신부 되면 집안의 영광이제."

어머니 얼굴이 환해졌어. 이 세상에서 가장 좋은 어머니 얼굴이 이렇게 환해지는 걸 보니, 신부가 되고 싶어졌어. 정현에게 어머니는 언제나 천사였으니까. 정현의 마음을 읽어 주고, 정현을 미소로 지켜봐 주었으니까.

그때부터 정현은 신부가 돼야지, 생각하고는 한 번도 마음을 바꾼 적이 없었어. 초등학교를 마치고 중학교는 신학을 가르치는 '소신학교'로 가려고 했지. 그런데 그만 한국전쟁이 터지고 말았어.

전쟁이 터지자 마을은 뒤숭숭해졌어. 멀리서 총소리가 들려오고 가끔 천둥소리처럼 큰 대포 소리도 들려왔어. 또 인민군이 들어오면 신부나 수녀를 해친다는 소문까지 나돌았지.

성당의 신부님들은 모두 어디론가 몸을 숨기고, 성당에서 미사도 드릴 수 없게 되었어. 성당에서 미사를 드리지 못하니까 식구들끼리라도 기도했지. 더운 여름이었지만 방문을 꼭 걸어 잠그고 온 식구가 모였어. 두꺼운 솜이불을 깔아 놓고, 그 속에 어머니와 아버지, 큰형과 정현, 여동생 현옥, 남동생 규현이까지 소리 죽여 기도를 드렸어.

"천주님, 우리가 우리에게 지은 죄를 용서하듯, 우리 죄를 용서하여 주시옵소서."

바깥으로 목소리가 새어 나갈까 봐 조마조마했지.

한여름이라 땀을 뻘뻘 흘리면서도 이불 속 기도는 좀처럼 멈출 수가 없었어.

하루는 아버지가 정현에게 조용히 물어보았어.

"너, 인민군이 천주교냐고 물으면 어떻게 할래?"

"천주교 믿는다고 해야지요."

"너를 죽인대도?"

정현은 가만히 생각했어. 죽는 건 싫지만 거짓말을 하는 건 나쁜 거니까, 대답했지.

"그래도 천주교 믿는다고 해야지요."

아버지는 가만히 정현을 보시더니 머리를 쓰다듬어 주었어. 어쩌면 다른 아버지들 같으면 손사래를 치며 난리를 쳤을지도 몰라. 인민군 앞에서 절대로 사실대로 말하면 안 된다고 말이야.

뒷날 정현은 집안에서 물려주신 신앙이야말로 가장 큰 재산이라고 생각했어.

 ## 눈 감으면 코 베어 간다는 서울 생활

"아따, 뭔 사람이 이렇게 많다냐이? 징하다 징해!"

정현은 이리 기차역에서 입이 딱 벌어졌어.

한국 전쟁이 끝나고, 어느새 정현도 중학교를 졸업했어.

여전히 신부가 되려는 마음은 바뀌지 않았지. 중학교는 전쟁 통에 일반 중학교를 다녔지만 고등학교만큼은 신학 고등학교로 가려고 했어. 마침내 서울에 있는 소신학교에 입학하게 되었지.

입학식에 맞춰 가려면 기차를 타야 하는데, 아무리 둘러보아도 발 디딜 틈이 없었어. 한국 전쟁이 끝난 뒤라 무엇 하나 제대로 된 게 없던 시절이었어.

서울 가는 기차는 하루에 딱 한 대!

콩나물시루도 그런 콩나물시루가 없었어. 기차 칸칸은 말할 것도 없고, 객차와 객차를 잇는 통로에도 사람이 꽉 찼어. 한 손에는 이불 보따리, 한 손에는 옷 보따리를 들고 이리저리 둘러보아도 도무지 탈 엄두가 안 나.

'워메, 어떻게 한다냐, 겁나게 많네. 내일이 입학식인디……'

정현은 두리번거리다 석탄을 쌓아 둔 석탄 칸을 보았어. 이때는 석탄을 때서 기차를 움직였거든. 몸을 쪼그리고 들어가면 들어갈 수 있을 것 같았지.

"안 되겠다. 저기라도 타야제!"

정현은 이불 보따리와 옷 보따리를 안으로 던지고 재빨리 석탄 위로 올라갔어.

뿌우! 기적 소리와 함께 역무원들이 소리쳤어.

"기차 가요. 비켜나세요!"

칙칙 폭폭, 기차가 증기를 내뿜으며 달리기 시작하자 까만 연기가 얼굴을 뒤덮었어. 굴을 지날 땐 앞이 하나도 안 보일 만큼 캄캄해지고 소리는 엄청나게 크게 들려. 귀를 꼭 막고 몸을 잔뜩 웅크렸어.

칙칙 폭폭 달리다 서고, 칙칙 폭폭 달리다 서고.

어느새 날이 저물었어. 날이 저물자 문도 제대로 안 달린 석탄 칸은 칼바람이 들이닥쳐. 한겨울인양 이빨이 덜덜 떨릴 정도였지. 정현은 이불 보따리를 풀었어.

'아이고, 이게 뭐야? 참나.'

이불을 뒤집어쓰고 추위를 견디며, 졸다가 또 깨다가 꼬박 하룻밤을 석탄 칸에서 보냈어.

삐이익!

가쁜 숨을 몰아쉬듯 기적 소리가 울리고 마침내 기차가 멈추었어. 이불을 둘러쓴 채 열 시간 넘게 보내고, 아침에야 서울역에 닿은 거야.

"서울역, 서울역 다 왔어요!"

"휴우, 이제 좀 살것다!"

역무원이 재촉하는 소리에, 서둘러 기차에서 내렸어. 하지만 다 왔다는 기쁨도 잠깐, 태어나 처음 와 본 서울은 낯설기만 했어.

"한 푼 줍쇼!"

깡통을 멘 거지, 술에 취한 채 어슬렁거리는 아저씨, 전쟁 통에 팔다리를 잃은 군인 아저씨, 짐수레를 끌며 '비켜 비켜!' 소리치는 아저씨……. 서울역은 사람으로 꽉 차 있었어.

'눈 감으면 코 베어 간다드만 정신 똑바로 차려야겠다.'

정현은 발가락을 꼼지락거렸어. 양말 속에 넣어 둔 용돈이 그대로 있나 확인이라도 하려는 듯 말이야. 대학로 어디쯤에 소신학교가 있다고 했는데, 대학로 가는 버스는 어디에서 타야 하는지, 정현은 어쩔 줄을 몰라 속이 탔어. 그때였어.

"야! 너, 전주 성당에서 시험 친 아이 맞제?"

누군가 어깨를 툭 쳤어. 돌아보니 낯이 익은 얼굴이야.

"아, 맞아! 너도 전주 성당에서 시험 쳤제? 진짜 잘 만났다야. 안 그래도 어떻게 가나 걱정하고 있었는디. 너, 소신학교까지 찾아갈 수 있나?"

정말 천만다행이게도 전주 성당에서 입학시험을 칠 때 본 아이와 마주쳤어.

"어, 선배가 나오기로 했당게. 같이 가자."

그렇게 해서 정현도 무사히 소신학교 입학식에 맞춰 갈 수 있었어. 학교에 들어서자마자 이불 보따리만 겨우 내려놓고 입학식에 참석했어.

입학 행사가 끝나고 담임 신부님이 신입생 이름을 하나하나 불렀어.

"문정현!"

"예!"

정현이 씩씩하게 대답했어. 하지만 정현을 본 담임 신부님은 기가 막혔어.

그래도 입학식인데 새 옷은 제쳐 두고 깨끗하게 입고는 와야지, 얼굴이랑 옷이 온통 검댕이투성이라니.

"너, 얼굴이 그게 뭐야?"

정현을 물끄러미 보던 담임 신부님이 한마디 했어. 정현은 그제야 제 얼굴을 손으로 문질러 보았어. 손도 내려다보았지. 아이들이 와! 하고 웃었어.

"저어, 기차 타고 와서 그런디요. 자리가 없어서 석탄 싣는 데 타고 와 갖고……."

"그랬구나. 쯧쯧쯧."

그제야 담임 신부님은 안쓰러운 듯 고개를 끄떡였어.

그렇게 기다리던 소신학교 입학과 더불어 서울살이가 시작되었어.

전교생이라고 해 봐야 한 학년에 서른 남짓씩, 백여 명이다야. 모두 기숙사에서 지내는데 요즘처럼 방이 따로 있는 게 아니야. 모두 한 교실에 침대를 놓고 잠을 자. 개인 생활이란 건 조금도 없다고 봐야겠지.

새벽 네 시, 담임 신부님이 아이들을 깨우면 침대를 정리하고 씻으러 나가. 수도도 제대로 없어 겨울엔 얼음을 깨뜨려 세수를 할 정도였어.

새벽 미사를 드리고 아침을 먹은 다음엔 일반 고등학생들과 똑같이 학교 공부를 했어. 수업이 끝나면 저녁 기도를 드리고 잠자리에 들었지. 전쟁 뒤라 모든 게 모자란 시절, 그만한 시설에서 무료로 배울 수 있다는 것만이라도 큰 은총이라면 은총이었겠지.
　하지만 조금은 지루하고 집이 그리운 생활이었어.
　그런데 말이야, 정현은 시커멓게 검댕이 묻은 이불을 여름 방학이 올 때까지 내내 덮고 잤다지 뭐야.

 ## 수박 좀 사세요

'아, 빨리 방학이 왔으면!'

집 떠나 있는 동안 정현은 방학을 손꼽아 기다렸어. 수호천사 엄마를 만나는 일에 형, 동생, 아버지 얼굴이 차례로 떠올랐어.

하지만 방학이라고 집에 가 봐야 죽어라 일만 하는걸.

아버지는 한때 과자 만드는 일을 했는데, 불 앞에서 하는 일이라 그런지 속병이 나고 말았어. 다행히 아버지 병세는 좋아졌지만 밭농사만으로 생계를 꾸려 가야 했으니 쉽지가 않았지. 게다가 정현이 뒤로 다섯 남매가 더 생겨났으니 먹고살기도 빠듯한 살림살이였어.

비료도, 농약도 없던 시절이라 농사짓기가 여간 힘들지 않았지. 땅 갈고, 풀 뽑고, 거름 내고……. 이 모든 걸 사람 손으로 다 해야 했단다. 아버지 어머니는 새벽부터 저녁 늦도록 하루 내내 밭일에 매달렸어. 늘 형은 놔두고 자기만 일 시킨다고 투덜대던 정현이었지만 고생하는 부모님을 보고 가만히 있을 수가 있어야지. 키도 어느새 아버지랑 비슷할 만큼 자랐는걸.

정현은 이른 아침부터 고추 밭, 수박 밭, 참외 밭을 따라다니며 풀을 뽑고, 고추를 따고, 수박을 땄어.

"다녀오겠습니다."

"정현아, 신학생인 너한테 이런 일 시켜서 미안하구나."

"엄마도 참, 뭐가 어때서요?"

정현은 자전거 뒤에 수레를 달고 대문을 나섰어. 수레엔 고추, 오이, 수박, 참외를 비롯해 어머니와 아버지가 정성껏 가꾼 채소와 과일이 실려 있었지.

자전거로 한 시간쯤 달려 이리 시장에 닿았어.

"아저씨, 오늘은 값이 어떻게 돼요?"

"어, 왔구나! 글쎄, 오늘은 값이 어제만 못하다. 조금밖에 못 쳐주겠는걸."

"어, 왜 이렇게 싸졌어요? 어제보다 값이 많이 떨어졌네요?"

"싸도 할 수 없제. 수박이 제철이잖냐. 팔려면 팔고 말려면 말아라. 너 말고도 팔려는 사람 줄 섰다."

'아무리 그래도 그렇지. 너무 싸. 도저히 안 되겠어.'

정현은 자전거를 돌렸어. 아버지 어머니가 그렇게 힘들게 기른 야채와 과일을 도저히 헐값에 팔아넘길 수가 없었거든.

"저, 아주머니. 고추나 오이 필요하지 않으세요? 오늘 새벽에 딴 거라 아주 싱싱해요."

국밥집 문을 열고는 주인 아주머니에게 물어보았어.

"아저씨, 수박인데 아주 달아요. 저희 집에서 직접 기른 거예요."

여인숙 문을 밀고 들어가 주인 아저씨한테 수박을 내보였어.

이렇게 식당, 가게, 여관 앞을 기웃거리며 직접 야채랑 과일을 팔았지.

"아이고, 정현이 아니냐? 장래 신부가 수박을 팔러 다니네!"

주일이면 성당에서 뵙는 이웃 아주머니였어. 사람들은 신학교에 다니는 정현을 보면 '장래 신부'라고 했어. 아무리 장래 신부라도 창피할 게 뭐 있나, 정현은 아무렇지도 않았어.

"아, 안녕하세요? 도매상에서 너무 헐값에 사려고 해서요. 직접 팔러 다니고 있어요. 아주머니, 마지막 수박인데, 싸게 드릴게요."

이렇게 해서 해가 서산에 걸렸을 때쯤 정현은 가지고 나온 야채와 과일을 모두 팔았어!

'음, 도매상에 팔았으면 절반도 못 받았을 텐데. 어, 벌

써 해가 지네. 빨리 가야겠다. 아, 배고파!'

집까지 가려면 한 시간은 걸릴 텐데, 정현은 열심히 페달을 밟았어. 배는 고팠지만 제값 받고 다 팔아서 정말 뿌듯했지.

한편 집에서는 어두워지는데도 아들이 소식이 없자 어머니는 사립문 앞에까지 나와 서성였어. 시장에서 돌아오다가 돈을 노리는 깡패라도 만났으면 어쩌나, 자전거 타고 오다 논두렁에라도 굴렀나 싶어 걱정이었지.

저 멀리 까만 그림자가 보이더니 달달달 자전거 소리와 함께 어둠 속에서 정현이 모습을 드러냈어.

"정현아!"

"엄마, 왜 나와 계셨어요?"

"아이고, 왜 이렇게 늦었어. 얼마나 걱정했다고."

"도매상에서 너무 싸게 부르잖아요. 그래서 직접 내다 파느라고……."

정현이 자전거와 손수레를 끌러 놓고 있는데 아버지까지 나왔어.

"얼마나 더 받겠다고 그 고생을 해? 이렇게 늦게까지."

아버지는 짐짓 나무라는 투야.

하지만 정현은 아랑곳하지 않고 호주머니에서 야채 판 돈을 꺼냈어. 아버지는 생각보다 두둑한 돈을 보고는 깜짝 놀라는 기색이 또렷했어.

'참 녀석도, 제값을 다 받았네!'

말씀을 안 하시지만 콧구멍까지 벌름벌름! 기분이 아주

좋을 때 나오는 버릇이지.

"엄마, 나 잘했죠?"

정현은 늦은 저녁을 아주 맛있게 먹었어.

농사일을 거들며 방학을 보내고, 다시 신학교로. 또 방학이면 농사일이 기다리는 집으로……. 그렇게 소신학교 3년, 신학 대학 6년을 마치고 마침내 사제 서품*천주교에서 주교나 신부로 임명 받는 일을 받게 되었어.

"프로 보비스 에트 프로 물티스*Pro Vobis et Pro multis 당신을 위하여, 모든 것을 위하여*"

신학 대학 시절, 성경 공부를 하며 마음속에 늘 품어 온 말이야.

정현은 사제 서품을 받는 날 신학 대학 동기들과 땅바닥에 엎드렸어. 인간 문정현이 하느님 앞에 자신을 바치고, 사제 바르톨로메오가 되어 다시 태어나는 순간이었지. 또한 나약하고 힘없는 이들에게 하느님의 사랑을 실천하는 사제가 되겠노라 맹세하는 순간이었어.

"프로 보비스 에트 프로 물티스."

바르톨로메오는 나직이 읊조려 보았어.

# 인혁당 당수 신부

 1975년 4월 8일이었어. 재판정에 들어선 문정현 신부는 어쩐지 불안했어.

 가족으로 출입이 제한되어 있었지만 엠네스티 인터내셔널*국제 인권 단체 변호사의 통역과 안내를 맡아 뒤늦게 법정에 들어갈 수 있었거든.

 벌써 판결이 내려져 있고, 법정은 아수라장이 된 뒤였어.

 "판사님, 이건 사법 살인이라구요!"

"말도 안 돼! 사형이라니!"

문정현 신부도 기가 막혔어.

"억울합니다. 이 사건은 꾸며진 거예요. 진실이 아니에요!"

사람들은 판사들을 보고 외쳤어. 너무 화가 나 가방, 양산을 던지는 사람도 있었어. 하지만 판사들은 도망치듯 검은 옷자락을 펄럭이며 법정을 서둘러 빠져나갈 뿐이었어.

서도연, 도예종, 하재완, 이수병, 김용원, 우홍선, 송상진, 여정남.

여덟 사람에게 사형 판결이 내려졌어.

이날 사형 선고를 받은 여덟 사람은 일 년 전에 붙잡혔어. 나라를 뒤집어엎으려고 '인민 혁명당'이라는 걸 만들고는 대학생들을 꼬드겨 데모를 일으키게 했으니 국가 보안법을 어겼다는 거야.

국가 보안법은 일제 강점기 때 독립 운동가들을 붙잡으려고 일제가 만든 법이었어. 이 법은 코에 걸면 코걸이 귀에 걸면 귀걸이 격으로 나랏일에 대해 비판하는 말을 하거나 심지어 마음속으로 생각만 해도 붙잡아 갈 수 있는 아주 고약한 법이야.

그래도 사람들은 사형 판결을 받으리라고는 생각하지 않았어. 증거가 하나도 없었거든.

검사들이 증거라고 내미는 건 집집마다 있는 라디오뿐이었어. 그 라디오로 북한 방송을 들었다는 게 검사들 주장이었어. 검사들이 말하는 건 오로지 고문에 못 이겨 억지로 내뱉은 자백밖에 없었지. 조금이라도 양심이 있는 판사라면 마땅히 무죄를 내려야 옳을 재판이었어.

법정에서 억지로 끌려 나온 문정현 신부와 피고 가족들은 명동 성당으로 모였어. 명동 성당에서 기도회를 열며 억울한 심정을 하소연했어. 우리 나라 방송국들은 관심을 가져 주지 않았지만 영국 비비시(BBC) 방송국 등 외국 언론들은 도저히 믿기 어려운 이 사건을 취재하러 왔지.

가족들의 슬픔은 통곡으로 이어졌어.

"정말이지 눈 뜨고는 못 보겠어."

문정현 신부도 눈시울이 붉어졌어. 왜 안 그러겠어. 죄

없이 끌려가 엉뚱하게 사형 선고를 받았으니.

사제가 된 문정현 신부는 일곱 해 남짓 전주 지역에 있는 성당에서 생활했어.

과거 아버지가 몸소 이웃들에게 베풀었던 선행처럼 가난하고 힘든 사람들 곁에 서서 손을 잡아 주는 일이 사제가 할 일이라고 가슴에 새겼지. 그래서 상을 당한 신도 집에 가서는 눈물을 흘려 주고, 말썽 부리는 아들 때문에 속 썩는 신도 집에 가서는 그 아들과 상담도 해 주고, 돈이 없는 집엔 돈도 쥐어 주면서 사제로 살고 있었어.

그러다 서른일곱 살 되는 해에 명동 성당에 들렀는데, 거기서 인혁당 가족과 만나게 된 거야. 몰랐으면 모를까, 인혁당 사건에 얽혀 억울함을 당하는 이들을 보니 못 본 체할 수가 없었어. 게다가 그들을 도우는 이들조차 거의 없었어. 문정현 신부는 '나라도 도와야겠다' 싶었지. 그들 또한 도움받을 데 없는 어려운 이웃이었으니까.

처음엔 그저 전주에서 서울을 오가며 인혁당 가족을 만

나고, 기도와 강론을 할 때 인혁당 이야기를 꺼냈을 뿐이야. 그런데 형사가 따라붙고, 은근히 협박이 들어오는 거야. 한번은 형사들이 어머니가 가꾸는 텃밭까지 뒤졌어. '타도'라는 글자가 적힌 종이 쪼가리 하나만 나와도 문정현 신부를 잡아가겠다고 엄포를 놓으면서 말이야.

　그런데 참 이상하지. 문정현 신부는 자신에게 위협이 들어오면 들어올수록
오기 같은 게 생겼어.

"협박이나 하는 떳떳하지 못한 놈들! 네놈들이 더 열심히 하라고 격려하는구나."

마침 천주교 안에서 문정현 신부와 비슷한 생각을 하는 사제들이 뜻을 모아 '정의 구현 사제단'을 만들었어. 문정현 신부는 '정의 구현 사제단'이 되어 억울한 사람들을 도와주는 데 더욱 앞장섰지.

인혁당 재판이 있던 그날, 명동 성당에서 기도회를 끝내고 문정현 신부는 정의 구현 사제단의 함세웅 신부가 머무는 응암동 성당에서 잠을 청했어.

'아, 어이없고 피곤한 하루였어. 하지만 아직 한 가닥 희망은 있어. 설마 죽이기야 하겠어? 누가 봐도 말이 안 되는 사건이잖아. 당 강령도 없고, 당원도 없는 당이 어디 있어? 정부도 이렇게 얼토당토않는 사건을 만들어 놓고, 무죄라고 하기엔 체면이 안 서니까 시간 끌기를 하는 거야. 만약 그들을 죽인다면, 이 정권은 정말 끝일 테지.'

실오라기 같은 희망을 그리며 잠이 들었어.

다음 날 아침, 전화기 소리에 잠을 깬 문정현 신부는 자신의 귀를 믿을 수가 없었어.

문정현 신부가 꿈속을 헤매고 있던 시각, 판사가 사형 판결을 내린 지 하루가 채 지나지 않아 여덟 사람은 형장의 이슬이 되고 말았다는 거야.

"아무리 극악무도한 죄인이라도 그렇지, 사형 판결을 내리고 곧장 죽이는 법이 도대체 어디 있단 말인가? 더군다나 앞으로 재판을 두 번은 더 할 수 있잖아? 재심을 청구할 시간조차 주지 않고, 사형을 집행해 버리다니!"

문정현 신부의 가슴에서 '피시식' 하고 불씨가 짓밟혀 꺼지는 소리가 들렸어. 대신 분노의 검은 연기가 피어올랐어. 생각할 틈도 없이 문정현 신부는 부랴부랴 서대문 구치소로 갔어.

서대문 구치소 앞은 그야말로 눈물과 통곡의 바다!

심지어 교도관들도 처음 겪는 일에 어안이 벙벙할 뿐이었어.

"신부님들이 안 죽을 거라고 하더니, 이렇게 죽었지 않아요? 안 죽는다더니 이렇게 죽고 말았어!"

젊은 부인들은 통곡을 했어. 하재완의 부인이 찻길로 뛰어들었어. 문정현 신부는 하재완의 부인을 찻길에서 끌어내려고 했어.

"죽을랍니다, 죽을랍니다!"

"안 돼요, 이러시면 안 돼요."

죽은 남편의 시신 앞에서 제정신이 아닌 자그마한 여인의 힘은 엄청나게 셌어. 한창 나이의 문정현 신부였지만 당해 내기가 힘들 정도였어. 다른 사람들까지 달려들어 뜯어말린 덕분에 부인을 겨우 찻길에서 끌어낼 수 있었지.

가족들은 장례 미사라도 치르고 싶어서 응암동 성당에 시신을 모시려고 했어. 그런데 경찰은 이것마저 막고 나섰어.

'이놈들, 고문 흔적을 감추려는 속셈이구나!'

경찰은 가족들 앞에 시신을 내놓을 수가 없었지. 전기 고문으로 손톱이 새까맣게 되었고, 창자가 튀어나왔어. 군데군데 멍들고 상처 난 몸을 가족들에게 들켰다가는 또 세계 언론에 혼쭐이 날 판이었지. 경찰은 기어코 시신을 가족들

손에서 빼앗아 갔어.

마지막, 송상진의 시신을 실은 차 한 대를 가족들이 끝까지 붙잡고 늘어졌어. 응암동 성당으로 가기 위해 녹번동 삼거리에 이르렀을 때였어. 3백, 4백 명의 경찰들이 찻길을 막고 나섰어.

가족과 이들을 돕는 몇몇 사람들이 할 수 있는 일은 무엇이었을까?

"이놈들아, 이미 죽었는데 죽은 사람도 가족에게 못 돌려주냐?"

사람들은 차 밑으로 들어가 드러누웠어. 차를 끌고 가지 못하게 껌을 씹어 버스 열쇠 구멍을 막아 놓고, 차 열쇠를 없애 버리기까지 했지. 옥신각신 밀고 당기는 싸움은 어느덧 하늘이 붉게 물들 때까지 이어졌어. 마침내 경찰이 크레인을 불러왔어. 장의차를 아예 들어올려 옮겨 가려는 것이었지. 문정현 신부는 생각할 틈도 없이 크레인 위로 올라갔어.

"인혁당은 조작됐다!"

찻길을 꽉 메운 사람들을 보며 외쳤어.

"여러분, 국민을 보호해야 할 국가가 국민을 죽일 수 있습니까? 고문으로 거짓 자백을 받았습니다. 이들이 내미는 증거는 집집마다 있는 라디오가 다입니다. 이렇게 죽여 놓고서는 고문 흔적을 없애려고 시신을 화장터로 끌고 가려 합니다. 시민 여러분, 인혁당은 조작입니다!"

경찰이 올라왔어. 문정현 신부는 끌려 내려가지 않으려고 크레인을 꽉 붙들었어.

"이놈들, 내가 이기나 네가 이기나 한번 해 보자!"

이를 악물었지. 경찰관 하나가 문정현 신부의 다리를 붙잡으려고 이리저리 손을 뻗쳐 왔어. 꽉, 다리가 붙들리고 말았어. 또 한 손이 다가와 손가락을 쥐어 뜯어냈어.

"내, 내가 떨어지나 봐라! 이, 인혁당은 조작이야! 꾸며진 사건이라고!"

쿵!

그만 크레인에서 떨어지고 말았어. 아스팔트 바닥에 내동댕이쳐졌지. 와작, 무릎뼈가 부서지는지도 모르고 울부짖었어.

"인혁당은 거짓이야, 거짓!"

문정현 신부는 그러고도 두어 달을 쫓아다녔지만 달라진 건 없었어.

함께 힘을 모으고 외국에 인혁당 사건을 알렸던 미국인 신부 시노트는 우리 나라에서 추방당하고 말았어. 인혁당 관련자 가족들이 받은 고통은 더욱 컸어. 아버지, 남편을 억울하게 잃고서도 숨죽이며 살아야 했지.

"북한으로 가! 이 간첩!"

"빨갱이 새끼는 총살이다!"

아무것도 모르는 아이들이었지만 골목길에서 놀 수도 없었고 소풍을 가서도 몰매를 맞아야 했어. 심지어는 동네 꼬마들이 인혁당 가족 아이를 전봇대에 묶어 놓고 총살하는 시늉까지 했지. 그러니 아버지를 잃은 슬픔을 위로받기는커녕 살아남기 위해선 숨죽이며 지내야 했어. 어떤 가족은 아예 진실 밝히기를 포기한 사람도 있었어. 남아 있는 아들딸이라도 지켜 내야 했기 때문이지.

우리 언론은 이 모든 사실에 대해 꾹 입을 다물었어. 세상은 마치 억울하게 고통받는 사람은 아예 없다는 듯 조용히 굴러가고 있었어. 문정현 신부는 사람을 죽이는 국가 권력도 무서웠지만 진실을 바로 보지 못하는 세상의 침묵에 오소소 소름이 돋았어.

'예수님의 죽음도 이렇게 외로웠을까?'

인혁당의 '인'자만 꺼내도 붙잡혀 가는 상황이었지만 문정현 신부는 인혁당 가족들을 위로하고, 억울한 사람들을 만나고, 성명서를 발표하고……. 억울한 이들이 더 외롭지 않을 수 있는 건 뭐든 찾아 했어.

크레인에서 떨어지고 두 달쯤 지났을 때야. 문정현 신부는 다리가 견딜 수 없을 만큼 아팠어. 그제야 병원을 찾았고 수술을 받았어. 그러고는 5급 장애인 판정을 받았단다. 평생 지팡이를 짚고 다녀야 했어. 비가 오거나 몸이 좀 안 좋아지면 무릎이 견딜 수 없을 만큼 아팠지만, 그래도 문정현 신부는 내색하지 않았어. 인혁당 관련자들은 죽었지만 그래도 자신은 살아 있으니까.

나중에 문정현 신부에게 '인혁당 당수 신부'라는 별명이 덧붙여졌어. 어딜 가든 인혁당 이야기를 꺼내고, 인혁당을 잊지 않으려 했으니까.

'내 이 정권을 도저히 용서할 수 없어. 사람 목숨을 이렇게 하찮게 여기는 정권과는 화해할 수 없어!'

 ## 우리 아들 김대건 신부 되어야 해

1976년 3월 1일 저녁, 명동 성당은 발 디딜 틈 없이 사람으로 꽉 찼어. 천주교 신도를 비롯해 정권에 비판의 목소리를 내던 김승훈 신부, 문동환 목사, 정치인 김대중[20여 년 뒤에 우리나라 대통령이 되었어.], 윤보선 전 대통령 등 많은 사람이 모였어.

해마다 3월 1일이면 곳곳에서 뜻있는 사람들이 모여들었지. 3·1절은 일제에 맞서 만세 운동을 벌인 날이잖아. 그렇게 목숨을 아끼지 않고 일제의 총칼에 맞선 것처럼 이

날 나라와 민족을 위한 올곧은 목소리들이 터져 나왔어.

그 해는 더욱 특별했어. 개신교와 천주교가 명동 성당에 함께 모여 기도회를 펼치면서 한목소리로 정권의 잘못을 비판했거든. 전주에서 올라온 문정현 신부는 김지하 시인 어머니의 호소문을 읽었어. 김지하 시인은 시로 정권을 비판했고, 이 때문에 감옥에 갇히고 풀려나기를 수차례 되풀이한 젊은 시인이었지.

모든 행사가 끝나니 밤 9시 30분.

문정현 신부는 서울역에서 기차를 타고 다시 전북으로 왔어. 그런데 그 시간까지 어머니는 주무시지 않고 아들을 기다리고 있었어.

'아, 어머니!'

문정현 신부는 모든 긴장이 풀어지는 기분이었지. 어머니가 곁에서 지켜 주는 것만으로도 피로가 다 풀렸으니까. 하지만 어머니는 문정현 신부가 서울을 오르내리는 게 여간 불안한 게 아니야. 형사들이 들이닥쳐 텃밭까지 살살이 뒤질 때는 얼마나 심장이 오그라들었던지.

어머니가 가꾸는 텃밭은 사제 바르톨로메오를 찾아오는 신도나 사제, 수녀들에게 들려 보낼 콩이며 팥이며 온갖 곡식과 야채를 심어 놓은 선물 보따리였어. 하지만 형사들은 텃밭이 얼마나 정성들여 가꾼 것인지 따위엔 관심이 없었지.

그날 뒤로 어머니는 문정현 신부가 없을 때 책상 위에 있는 종이란 종이는 모조리 태워 버렸어. 혹시라도 꼬투리 잡힐까 봐 염려했던 거야.

문정현 신부도 잠에 빠지고, 문단속을 마친 어머니도 깊은 잠에 빠졌을 때였어. 갑자기 요란하게 문 두드리는 소리가 났어.

"문 열어! 문 열란 말이야!"

불이 켜지고, 어머니가 먼저 밖을 내다보았어. 형사들이었어. 문정현 신부는 억지로 잠을 밀어내고 겨우 몸을 일으켰어.

'올 것이 왔구나!'

범인, 아니 범인일 거라고 짐작하는 사람을 끌고 가기 위해서 경찰은 먼저 미란다 원칙을 말해야 해.

'당신은 변호사를 선임할 권리가 있고 불리한 진술에 대해 묵비권*말하지 않을 권리을 행사할 수 있습니다.'

왜냐하면 잡혀가는 사람이 범인이 아닐 수도 있으며, 또 경찰 앞에 주눅 들어 자기에게 불리한 말을 내뱉을지도 모르잖아. 아무리 범죄자라 해도 인간이라면 보호받아야 할 권리가 있기 때문이야. 하지만 그런 게 어디 있어? 형사들은 구둣발로 들어와 마구 행패 부리고 문정현 신부를 막무가내로 끌고 갔지.

"못 간다! 안 가! 도대체 왜 나를 끌고 가는 거야. 당당하게 날 밝으면 체포 영장 갖고 와! 도망 안 갈 테니 밝은 대낮에 오라고!"

형사들에게 호통을 쳐 보았지만 말이 통하지 않는 이들이었어.

문정현 신부는 끌려 가면서 어머니를 바라보았어. 가슴이 철렁 내려앉았을 거야. 하지만 어머니는 조금도 흔들림이 없어 보였어.

전주 경찰서로 끌려간 다음 문정현 신부는 바로 서울시경을 거쳐 이른바 '안가'*국가 정보 기관이 비밀스럽게 쓰던 일반 집 로 끌려 갔어. 안가는 '한성 무역'이라는 간판을 달고 있는 한옥집이었어.

참, 이상하지? 왜 경찰서나 검찰청, 하다못해 중앙 정보부 사무실이 아니라 가정집처럼 꾸며 놓은 한옥집이었을까? 그때의 형사들은 꿍꿍이 대장에, 음흉 왕곱빼기였어. 평화로운 가정집처럼 꾸며 놓고는 온갖 죄 없는 사람들을 끌고 가 고문을 했지.

독방에서 건장한 남자들에게 둘러싸였어.

"으이그, 한 대 치고 싶지만 팼다가는 또 난리가 날 테지."

건장한 남자들은 걸핏하면 흉악한 표정을 지으며 겁을 주었어.

긴장해서인지 문정현 신부는 자꾸 오줌이 마렵고 똥이 마려웠어. 하지만 비겁하게 굴고 싶지 않았지. 목에 힘을 잔뜩 주고는 고래고래 소리를 질렀어.

"이놈들, 변호사 데리고 와! 내가 무슨 잘못을 했다고 이런 곳에 가두느냐? 이놈들, 진리의 심판이 두렵지 않느냐?"

건장한 사내들은 닷새 동안 밤잠을 재우지 않고 협박조로 물었어.

"너, 공산주의자지? 사실대로 말해!"

"김지하도 빨갱이고, 인혁당도 빨갱이잖아?"

"이 모든 걸 북한에서 시켰지?"

형사들이 한밤중에 문정현 신부를 붙잡아 가서 잠도 재우지 않고 알아 내려고 한 게 겨우 이거였어.

이 무렵 권력자들은 한 손으론 자기 배를 불리면서 한 손으론 언제 북한이 쳐들어올지도 모르니 조용히 자기들을 따르라고 했어. 옳고 그른 것을 따지고 들면 무조건 빨갱이, 간첩으로 몰아붙여 입을 막았어. 민주주의 사회에서 생각할 자유는 헌법으로 보장되어 있는데도 그런 것엔 아랑곳하지 않았지.

김대중이나 문동환 목사 같은 사람도 비슷한 시기에 잡혀 들어왔어. 정권의 잘못을 비판하는 정치인, 종교인이었지만 빨갱이, 간첩이란 소리를 들어야 했지.

문정현 신부는 다시 남산으로 끌려 갔다가 검찰에 넘겨졌어. 검찰은 문정현 신부가 하지도 않은 말을 했다고 주장했어. 아무리 아니라고 해도 소용없었지. 결국 문정현 신부는 서대문 서울 구치소에 갇히게 되었어.

"꽝꽝꽝! 죄수 번호 6942, 나와! 면회다."

감옥에 갇히고 정현은 손을 꼽아 보았어.

3월 2일에 붙잡혀 5월 4일 가족과 만나게 해 주니 꼭 두 달 만이었지.

전날 사제 서품을 받은 동생 규현이 의젓한 모습으로 형을 기다리고 있었어.

'아, 규현이가 사제가 되었구나! 만날 봐도 신학생이더니 드디어 사제가 되었어!'

문정현 신부는 동생이 대견하고 반가웠지만 속마음과 다르게 말은 무뚝뚝하게 나왔어.

"봐라, 지금 내 모습. 사제란 자가 감옥에 갇혀 있다. 이게 이 시대 이 땅의 사제 모습이야! 사제의 길이 이리 험한데도 이 길을 가겠어?"

여섯 살 차이 나는 동생 규현과 많은 대화를 나눈 사이는 아니었어. 규현이 흙장난을 하고 놀 때 문정현 신부는 이불 보따리를 들고 서울로 갔으니 어린 시절을 함께 보내지 않았지. 형 노릇 한답시고, 소신학교에 입학하는 동생을 마중하러 서울역에 나가고, 또 배웅하던 게 다였지.

"사제가 집안일에 신경 쓰는 것 아니다."

아버지의 철저함 때문에 용돈 한번 동생 손에 쥐어 준 적 없는걸.

문정현 신부는 무릎 수술로 병원에 있을 때에도 면회 온 동생에게 똑같은 질문을 던졌어. 그때 동생 규현은 기분 나쁘다는 듯, 무뚝뚝하게 대답했지.

"나도 그런 것쯤은 다 아오. 형님은 무슨 말씀을 그리 해요?"

하지만 감옥에 갇혀 있는 형 앞에서 아우는 서글픈 마음이 앞섰어. 그리고 이젠 형의 질문 뒤에 감춰진 마음을 헤아리게 되었어.

"그러니까 더욱 사제가 되려는 것이지요."

동생의 대답은 부드러우면서도 강했어.

'형님 가는 길에 함께 가겠어요!'

입으로 내뱉지는 않았지만 문정현 신부는 동생의 마음을 읽었어. 차가운 시멘트 바닥에 무릎을 꿇고 동생에게 축복의 기도를 했어. 눈에서 눈물이 흘러내렸지. 동생 규현의 눈에서도 뜨거운 눈물이 흘렀어.

그런데 동생을 돌려보낸 다음, 문정현 신부는 안절부절 못했어.

"내일 어머니가 오신대요."

동생이 전해 준 그 말 때문이었어.

눈부시게 하얀 신부복을 입은 문정현 신부를 언제나 흐뭇한 눈으로 바라보던 어머니야.

죄수 번호가 달린 죄수복에 까만 고무신.

사제의 고결함은 어디 가고, 꾀죄죄한 죄수복 차림을 한 아들을 어머니가 어찌 받아들이실까? 문정현 신부는 어머니가 실신하실까 걱정이었어. 자꾸만 눈물이 쏟아지려 했지. 앉았다 일어섰다를 되풀이하다 밤 깊도록 잠도 이루지 못했어. 시계가 없으니 시간도 알 수 없고 답답한 노릇이었어.

마침내 면회 시간이 되었어. 문정현 신부는 숨을 들이쉬고 면회 장소로 들어갔어.

그런데, 어떻게 된 걸까? 어머니 얼굴이 함박꽃만큼이나 밝고 환했어! 눈물 자국도 없었고, 휴우 하고 쓸어내리는 한숨도 없었어. 면회 시간 내내 건강하게, 다정하게 아들을 대해 주었어. 문정현 신부는 마음이 놓였지.

어머니가 문정현 신부의 손을 어루만지며 말했어.

"우리 아들, 김대건 신부 되어야 해."

문정현 신부는 깜짝 놀랐지. 오열하시고 쓰러지면 어쩌나 걱정했는데, 김대건 신부가 되라니? 김대건 신부는 조선 시대 말, 천주교가 박해를 받았을 때 순교하신 분이잖아. 어머니는 아들에게 순교를 말씀하셨어. 감옥보다 더한 곳에도 갈 각오를, 아니 목숨도 내놓을 각오로 살라는 말씀이었어.

'아, 우리 어머니가 이렇게 강하시구나!'

갇힌 몸, 독방 생활.

"프로 보비스 에트 프로 물티스. 당신을 위하여, 모든 것을 위하여."

문정현 신부는 가장 좋아하는 성경 구절을 읊조렸어.

가끔은 독재 정권의 힘이 너무 세 보여서 주저앉고 싶을 때도 있었어.

'이런다고 달라질까? 이 정권이 무너질 날이 올까?'

하지만 옳지 않은 것을 보고만 있을 수는 없었어.

'작은 물방울이 수천 년 이어지면 거대한 바위를 깨뜨릴 수 있듯, 내 작은 힘이 역사의 거대한 흐름에 조그마한 보탬은 되겠지.'

문정현 신부는 힘겨운 감옥 생활 속에서도 깨어 있으려고 노력했어. 성서와 역사책, 우리 고전이나 문화를 다룬 책들을 열심히 읽으며 세상을 보는 눈을 가다듬었어. 사회에 관심이 커지면서 호기심도 점점 커져 갔으니까 제대로 알아야겠다는 마음을 먹은 거야.

'이 세상의 모든 기쁨과 슬픔은 우리 교회의 기쁨이고

슬픔이다. 교회 안에서만 평화와 기쁨을 말하지 말라. 이 세상의 모든 아픔을 껴안으라.'

전 세계 가톨릭 주교들이 모여 결정한 내용 가운데 사회와 교회의 관계에 대한 대목이야. 문정현 신부는 그 동안 자신이 걸어온 길이 그르지 않았다고 믿게 되었어.

가난한 사람 편에 서고, 억압받는 사람 편에 서는 것, 바로 삶의 현장에서 성서의 가르침을 실천하는 일. 이것이야말로 사제 바르톨로메오가 나아가야 할 길이라는 확신이 더해 갔지.

이듬해 겨울, 문정현 신부는 풀려났어. 뚜렷하게 잘못한 게 없으니 오래 붙잡아 두기도 힘들었을 거야. 그런데 이내 다시 갇히고 말았어. '형 집행 정지의 취소'라나? 그러니까 풀어준 것을 취소하니까 다시 감옥에 들어오라는 것이었어.

그런데, 그런데 말이야, 다시 들어간 감옥 분위기가 심상치 않았어. 간수들 발걸음 소리는 무척 다급한 듯 빠르게 움직이고, 무슨 일이 터진 게 틀림없었지.

문정현 신부는 생각에 잠겼어.

'무슨 심각한 일이 벌어지고 있는 게 틀림없어! 세상이 뒤집힌 건가? 어떻게?'

불길한 예감이 들었어.

자신도 모르게 불쑥 일어섰어. 얼굴이 벌겋게 달아오르면서 자기도 모르게 온 몸에 힘이 들어갔어.

"죽으면 죽으리라! 당신 앞에 나아가리라!"

독재자 박정희가 또 무슨 짓을 저지를지 모르지만 처형대로 끌려간다면 그대로 끌려가 주리라, 독재 권력이 영원하든 영원하지 않든 목숨을 바치리라 다짐을 했어. 그렇게 하루에도 몇 차례 벌떡벌떡 일어서서 자신의 차례를 기다렸어.

"박정희가 죽었어요. 비서실장 김재규 총에 맞아 죽었대요!"

한 교도관이 화장실 창문을 통해 몰래 알려 주었어.

독재 정권이 끝났어! 무쇠처럼 끄떡없을 것 같던 독재 정권이 마침내 무너진 거야. 문정현 신부는 곧 감옥에서 풀려났어.

세월이 흘러서도 문정현 신부는 이날을 잊을 수 없었어.

"그 누구도 박정희 정권이 무너질지는 몰랐습니다. 하지만 무너졌습니다. 지금 아무리 고통 속에 있더라도, 거대한 바위처럼 버티고 있더라도 언젠가는 꼭 무너지리라, 헤쳐나가리라 믿습니다."

 ## 작은 자매의 집 아이들

시계추는 똑딱똑딱 멈추지 않고 흘렀어.

그 동안 우리 나라는 많은 발전을 이루었어. 배를 곯던 보릿고개도 없어지고, 외국으로 물건을 수출할 기술력도 생겼지. 세상도 살기 좋아졌고, 문정현 신부 나이도 어느새 마흔을 훌쩍 넘겼으니 이제 평범한 신부로 돌아갔을까?

그러기에는 아직도 세상에 할 일이 많았어. 박정희 유신 정권은 무너졌지만 유신 정권의 보호를 받으며 세력을 키워 온 군인들이 나라의 권력을 차지하고 말았거든.

달라진 세상에 발을 맞추려는지 새 대통령은 번드르르한 말을 했어. '정의 사회 구현'이라는 멋진 말을 내걸었지.

하지만 군대를 앞세워 광주 시민을 총칼로 억눌렀어. 게다가 자신들의 배를 불리기 위해 온갖 거짓말을 일삼았어. 여전히 북한은 미워해야 하고, 죄를 짓지 않아도 고문을 하고 몰래 죽이기까지 했지. 전과 조금도 다를 바 없었어.

하지만 사람들이 달라지고 있었단다. 높은 사람 말이라면 그저 '예, 예.' 할 게 아니라 옳고 그른 걸 따져 봐야 한다고 생각하는 사람이 늘어났어. 농민 운동이 들불처럼 번지고 노동자 운동이 활화산처럼 터져 나왔어.

문정현 신부도 역사의 물결 속에서 한 방울 물이 되었어.

농촌에서 사제 생활을 할 때는 농민들과 손을 맞잡고, 공장이 많은 지역에서 사제 생활을 할 때는 노동자들과 손을 맞잡고 들불이 되고, 활화산이 되었지.

그러던 어느 날 문정현 신부에게 새로운 사건이 일어났어. 전북 장수에 있는 장계 성당에서 사제 생활을 하면서

농민 운동을 할 때였어.

매미 소리가 하늘이라도 뚫을 듯 시끄럽게 들리던 여름날, 마을 어귀를 지나가고 있는데 무슨 소리가 들리는 거야. 사람 울음소리 같기도 하고 짐승 소리 같기도 했어. 문정현 신부는 담 너머로 집 안을 들여다보았지. 그런데 그만 생각지도 못한 장면을 보고 말았어.

마당 한 귀퉁이, 감나무 아래에서 꼼지락꼼지락 움직이는 물체!

"세상에……. 어, 어린아이가……."

예닐곱 살밖에 안 돼 보이는 아이를 개 줄로 나무에 묶어 두었어. 언뜻 봐서는 잘 모르겠지만 어딘지 몸이 불편한 것 같아. 아이 옆에는 밥을 담은 그릇이 엎어져 있고, 아이의 얼굴은 온통 음식으로 칠갑이야. 도저히 사람 꼴이라고 볼 수가 없었어.

"아니. 어, 어떻게 아이를 개하고 똑같이 키울 수가 있지?"

문정현 신부는 눈물이 왈칵 쏟아졌어.

'이 아이를 두고 내가 무슨 사목이며, 무슨 농민 운동을 한단 말인가?'

문정현 신부는 곧장 성당으로 돌아가 성당 옆 묵은 창고를 고쳤어. 방을 만들어 놓고는 그 아이를 데려와 씻겼어. 깨끗하게 씻기니 밉기만 한 얼굴은 아니야. 애기똥풀처럼 귀여운 데가 있었지.

문정현 신부는 밥을 따뜻하게 끓여 아이에게 떠먹였어. 아이가 오물오물 입 안의 밥을 다 씹을 때까지 한참을 기다렸다가 또 밥을 떠서 먹였어. 아이는 떠먹여 주는 밥도 먹기 어려운지 침을 흘리고 밥알을 흘렸어. 문정현 신부는 수건으로 조심조심 입가를 닦아 주었어.

'몸이 불편한 이 아이도 사람이야. 병신 자식이라고 이리 치이고 저리 치이는 가여운 내 이웃이야.'

이렇게 문정현 신부가 아이를 돌보기 시작하자 둘레에 숨어 있던 애기똥풀들이 하나 둘 나타나기 시작했어.

"신부님, 우리 아 좀 맡아 주이소!"

"아이고, 죄송스럽습니다. 경찰서 앞에 누가 데려다 놨는데 당최 부모를 찾을 수가 있어야지요."

부모가 직접 데리고 온 아이, 경찰관이 데리고 온 아이, 입소문이 나면서 몸이 불편한 아이들이 하나 둘 문정현 신부에게 왔어. 처음 한동안은 문정현 신부 혼자서 아이들을 돌보았어.

성당을 비워야 할 때엔 직접 봉고차에 아이들을 태우고 다녔지. 밥을 사 먹어야 할 때면 둘씩 데려다가 식당에서 밥을 먹이는데 중간에 한 녀석이 도망치고, 또 다른 녀석은 차 안에서 소리치며 울고.

혼자서 돌보기 너무 힘들어 포기할까도 했지. 그런데 그때마다 도움의 손길이 찾아들었어. 수녀님이 나타나 도움을 주고, 자원 봉사자들도 찾아오고. 나중엔 전주 교구에서도 '작은 자매의 집'이란 이름을 붙여 주고, 아이들을 돌볼 수 있게끔 지원해 주었어.

"신부님, 누가 있어요."

이른 아침 '작은 자매의 집' 문을 열고 나서려던 수녀님이 문정현 신부를 찾았어. 나가 보았더니 예닐곱 살 먹은 아이가 문 앞에 서 있는 거야. 표정과 손짓을 보니 몸이 불편한 아이야. 사람이 없는 틈을 타 누군가 아이를 버리고 갔어.

"오늘 또 아들이 생겼네. 요놈, 어디 보자. 너는 오늘부터 내 아들이다. 이름을 뭐라 할까? 음, 문철수라고 할까?"

이렇게 문 씨 성을 가진 아이들은 점점 늘어 오늘날 쉰 명에 이르렀어.

보통 아이들은 세 살만 넘어도 혼자 오줌을 누고 똥을 눌 수 있지만 '작은 자매의 집' 친구 가운데는 그렇지 않은 친구가 많아. 열 살 넘도록 기저귀를 차는 일도 허다하지. 밥도 떠먹여 주어야 먹는 친구도 많은걸. 자신의 감정을 말할 줄 몰라 무작정 떼를 쓰고 우는 친구도 있지. 악을 쓰고 울 때는 어찌나 힘이 센지 문정현 신부도 당해 내지 못해. 또 몸이 약해서 날씨가 조금만 궂어도 감기에 걸리고 경기를 일으키기도 해.

이렇게 사고가 많은 날은 문정현 신부도, 수녀님도, 자원 봉사자도 쩔쩔매게 되지. 하지만 아무리 힘들어도 이 일을 쉼 없이 하는 데에는 까닭이 있단다.

　바로 날마다 새벽 다섯 시 반, 아이들이 천사가 되는 시간이야. 그렇게 난리 법석을 부리던 아이들이 언제 그랬냐는 듯이 깨끗한 얼굴로 얌전히 앉아 기도를 드리고, 찬송을 불러. 문정현 신부는 새벽 미사 때마다 아이들을 돌보는 신의 손길을 느꼈어.

　"이건 도저히 인간이 한 게 아니야. 하느님께서 어지럽게 헝클어져 있는 매듭을 언제나 풀어 주시는 거야."

　하루가 지나고 이틀이 지나고, 그렇게 시간이 지나면 어느새 아이들은 달라져 있었어.

　미사 때 바르톨로메오는 생명의 떡을 아이들 입에 하나하나 넣어 줘. 사회에서 버림받은 농민, 노동자, 고문당한 사람, 거기에 애기똥풀처럼 작고 여린 아이들……. 문정현 신부는 그 어느 것 하나 버릴 수 없었어. 그들 모두 끌어안아야 할 형제, 자매였으니까.

　"기다리고, 믿고. 그러다 보면 특수학교에도 다니게 되고, 나중에 자라선 슈퍼마켓에서 일을 할 수 있을 정도로 좋아지기도 해요. 세상이 아무리 어지럽게 돌아가고, 희망이 보이지 않아도 아이들을 보면 희망이 있다는 걸 믿게 되지요. 힘이 나지요!"

 ## 내 동생 내놔라

"내 동생 내놔라! 내 동생 죽였지? 그러지 않으면 왜 못 만나게 하는 거야? 옷도 넣어 주고, 음식도 넣어 줘야 할 거 아니냐? 내 동생 내놔!"

1989년, 문정현 신부는 서울 옥인동 '안가' 앞에서 소리쳤어. 동생 문규현 신부가 판문점에서 붙잡혀 간 뒤로 여태껏 면회 한 번 못 한 거야. 문정현 신부는 목청껏 소리쳤어.

'널 고생시켜서 미안하다. 이럴 줄 알면서도 너보고 가라고 했어. 미안해. 더 소리칠게. 내가 소리칠수록, 소리치는 사람이 많을수록 널 함부로 하지 못할 거야.'

문정현 신부는 자신이 감옥에 갔을 때보다 몇 배나 더 고통스럽고 견디기 힘들었어. 그래서 소리치고 또 소리쳤어.

동생 문규현 신부는 미국 메리놀 신학 대학에서 공부를 마치고 필리핀에 있는 '아시아 주교회'로 발령이 나 있었어. 미국 영주권까지 있는 문규현 신부는 말 그대로 앞길이 창창한 신부였어.

그런데 그때 마침 대학생 임수경이 북한에서 열리는 '세계 청년 학생 축전'에 참여하러 평양에 간 사건이 터진 거야. 대학생이 평양에 간 게 뭐 그리 큰 사건이냐고? 큰 사건이었지. 그땐 아주 엄청난 사건이었지. 요즘에야 한 해에 수천 명이 북한을 드나들지만 그땐 나라에서 허락하지 않았거든.

임수경은 우리 민족이 총칼을 들이대고 미워하기보다는 평화롭게 손 맞잡고 살기를 바라는 학생이었어. 평양에 가서 남과 북이 평화롭게 어울릴 수 있다는 걸 보여 주고 싶었어. 법을 어겨서라도 말이야. 임수경은 비행기를 타고 일본, 독일, 중국을 거쳐 북한으로 들어갔어. 버스로 세 시간이면 될 거리를 돌고 돌아 열흘이나 걸려 간 거야.

그러고는 북한 학생들을 비롯해 청년 학생 축전에 모인 수많은 외국 학생들과 함께 '조국은 하나다! Korea is one!'을 외쳤어.

하지만 정부와 정부의 말이라면 '콩을 팥'이라고 해도 맞다고 맞장구치는 신문과 방송국들이 난리를 쳤지. '어린 학생이 무슨 생각이 있겠느냐.', '빨갱이 물이 들어 어리석은 짓을 했다.'고 임수경을 몰아붙였어.

문정현 신부는 스물 남짓한 그 젊은이가 안쓰러웠어.

"어떻게 그 어린 대학생 혼자 삼팔선을 넘게 합니까? 마침 문규현 사제가 미국에 있으니 북쪽으로 보내 같이 돌아오게 합시다."

천주교 사제단에서도 천주교 신자인 임수경이 마냥 돌팔매질당하는 걸 보고 있기가 힘들었어. 사람을 죽인 것도 아니고, 해친 것도 아니잖아. '네 이웃을 내 몸같이 사랑하라.'는 예수님 말씀처럼 북한과 미워하지 말고 사랑하며 지내자는 것뿐인걸. 미움을 걷고 평화롭게 살자는 것뿐인걸. 법을 어기긴 했지만 문제투성이 국가 보안법을 어기지 않고는 별 도리가 없잖아.

문정현 신부는 비밀리에 다른 사람을 통해 문규현 신부에게 소식을 전했어.

"꼭 판문점을 걸어서 들어와야 해. 중국이나 일본을 거쳐 들어올 생각은 마라. 꼭 삼팔선을 넘어 들어와야 해."

문정현 신부는 자유롭고 평화롭게 남과 북을 오갈 수 있어야 한다고 생각했어. 정부에서 하나하나 검사하고 까다롭게 조건을 다는 방식은 평화를 앞당기기엔 한참 모자랐으니까.

우리 민족이 남과 북으로 갈라지는 걸 막기 위해 애쓴 김구 선생이 주변의 걱정에도 아랑곳하지 않고 삼팔선을 넘어 북한에 다녀왔듯이, 문규현 신부와 임수경도 삼팔선, 군사 분계선을 넘어 남쪽에 와야 한다고 생각한 거야.

하지만 판문점이 가운데 버티고 있는 군사 분계선 지역은 북한군과 유엔 연합군이 경계를 서고 있는 곳이야. 이곳에 우리 국군은 없었어. 한국 전쟁 당시 남한 정부는 휴전 협정에 끼지 못했거든.

유엔 연합군에서는 판문점을 걸어서 넘어오는 것을 허락하지 않았어. 유엔 연합군에게 삼팔선 북쪽 너머는 적군일 뿐, 민족이니 뭐니는 상관없는 말이었으니까. 그러니 총알이 날아들지도 모르는 상황이었어.

그래도 문정현 신부는 판문점을 거쳐 남쪽으로 와야만 한다고 생각했어.

'그 누구도 쉽게 넘을 수 없다.'

그 생각을 깨뜨려야 했어. 누구나 평화로이 판문점을 오갈 수 있다는 걸 보여 주고 싶었어. 남과 북이 전쟁이 아닌 평화로운 방법으로 손을 맞잡는 일이 결코 불가능한 일이 아니란 걸 사람들에게 깨닫게 해 주고 싶었어.

그걸 알았는지 정부는 문규현 신부와 임수경의 모습이 텔레비전으로 방영되는 것을 막았어. 국민의 눈과 귀를 막을 수 있다고 생각했나 봐. 하지만 삼팔선을 건너오는 모습은 비디오테이프에 담겨 손에서 손으로 전해졌어.

까만 사제복을 입은 빼빼 마른 신부가, 태극기를 몸에 두른 임수경의 손을 잡고 천천히 판문점을 넘었어. 북쪽으로 가는 길은 열흘이라는 긴 시간이 걸렸지만 판문점을 넘어 남쪽으로 오는 데는 겨우 몇 초밖에 걸리지 않았지.

어떤 사람은 감격에 겨워 눈물을 흘리고, 어떤 사람은 이를 벅벅 갈았지. 하지만 모두 충격을 받은 건 사실이야. 그 선을 넘을 수 있다는 걸 두 눈으로 보았으니까.

판문점을 넘자마자 문규현 신부와 임수경은 곧장 우리 군이 아닌, 유엔 연합군에게 붙잡혀 갔어. 사람들은 이 사실에 또 한 번 충격을 받았어. 남과 북이 갈라져 있는 사이에 유엔 연합군, 곧 다른 나라의 힘이 있다는 걸 알게 되었으니까.

두 사람은 우리 경찰에 넘겨져 안기부로 끌려 갔고, 몇 달 동안 면회도 이루어지지 않았지. 이 때문에 문정현 신부가 옥인동 '안가' 앞에서 목청을 높인 거야.

나중에 문규현 신부는 3년 남짓 옥살이를 하였어. 반국가 단체의 지령을 받아 북한에 숨어 들어가고, 북한을 찬양했다는 게 그 까닭이야. 많은 민주화 운동가들을 옭아맨 국가 보안법을 어긴 대가였어.

"어떡해, 우리 규현이 어떻게 해! 천주님이시여!"

어머니는 울부짖었어. 데굴데굴 구르며 몸부림쳤어.

감옥에 있던 문정현 신부가 보지 못한 어머니의 속마음이었어.

문정현 신부는 그제야 알았어. 어머니의 속마음이 얼마나 까맣게 타고 있었는지 말이야. 하지만 어머니는 나중에 문규현 신부를 만날 때도 김대건 신부 이야기를 하셨어. 문정현 신부가 감옥에 있을 때와 똑같이, 순교자 김대건 신부의 삶을 살라는 뜻이었지.

문규현 신부는 형 때문에 앞길이 창창하던 자신의 인생을 바꿔야 했지만 언제나 형 곁에 서 있어. 동생은 입버릇처럼 이렇게 말해.

"사제란 죄 많은 인간을 위해 십자가에 못 박힌 예수님의 삶을 닮는 거예요. 고통받는 사람들 속으로 자신을 낮추고 녹이는 것, 이것이 사제의 일이지요. 하지만 한순간이 아니라 죽는 날까지 이런 자세로 살아야 하기에 말처럼 쉬운 일은 아니에요. 그런 면에서 형님은 살아 있는 예수이자 내 스승이자 동지랍니다."

# 문 신부, 쭉 그렇게 살아

문규현 신부가 판문점을 넘어오고, 문정현 신부가 법정을 쫓아다니던 해에서 시계를 돌려 한 해 전인 1988년으로 가 볼게.

우리 나라에서 올림픽을 연다고 온 국민이 들떠 있었어. 전쟁으로 폐허가 된 나라, 가난하고 독재 정치를 해 온 뒤떨어진 나라 대한민국이 온 세계인을 모아 놓고 올림픽을 연다는 거야! 기쁘고 뿌듯한 일이었어.

하지만 속으로 곪은 상처는 꽁꽁 감춰 두고, 반짝반짝 새로 닦은 것만 내놓으려고 하는 게 옳을까? 학교에 장학사가 온다고 수업은 미뤄 두고 유리창 청소만 하는 건 좀 문제가 있지 않을까? 말썽꾸러기는 입도 방긋하지 못하게 엄포를 놓고, 연극처럼 연습한 대로 손 들고 발표하는 수업을 보여 주는 건 어딘지 솔직하지 못한 모습이야.

올림픽을 준비하면서도 고칠 건 고쳐 나가야 한다고 생각하는 사람들이 있었어. 그 안에는 조성만이라는 대학생도 있었지.

척박한 땅 한반도에 태어나
인간을 사랑하고자 했던 한 인간이
조국 통일을 염원하며 이 글을 바칩니다.
우리는 아무런 거리낌 없이 선입견을 버리고
민족의 동질성을 찾아야 합니다.
그랬을 때만이 진정한 통일은 이뤄질 수 있으며
한민족이 함께 어우러지는 세상에서

평화를 맞이할 수 있을 것입니다.

......

요셉

요셉이라는 세례명을 지닌 조성만은, 죄지은 자들을 위해 십자가에 못 박혀 죽은 예수의 심정으로 자신을 내던졌어. 스물다섯, 서울 대학교를 다니는 자연 과학도였어. 자살을 금하고 있는 천주교 신도였지만, 목숨을 버린 거야.

그가 마지막 남긴 말은 "양심수를 가둬 놓고 민주화가 웬말이냐?" "공동 올림픽 개최하여 평화 통일 앞당기자."였어.

바로 문정현 신부가 영세를 주고, 문정현 신부가 꿀밤도 때리고, 문정현 신부가 안아도 주던 청년이었어!

성만이는 문정현 신부가 해성 중고등학교에 있을 때 만난 제자야. 감옥에서 나와 중고등학생들과 함께 생활하는데 아이들이 도덕심이란 게 없는 거야. 문정현 신부가 바라는 도덕심이란 건 대단한 게 아니었어. 휴지를 휴지통에 버리고, 잘못했을 때 자신의 잘못을 솔직하게 인정하는 것. 이런 간단한 거였어. 유치원생도 다 아는 아주 작은 것들이었지.

문정현 신부는 한 반씩 한 주 동안 생활관에서 같이 지내면서 예절과 도덕에 대해 생각해 보는 시간을 가졌어. 무조건 가르치는 게 아니라 학생들끼리 토론하고 자기 이야기를 하는 시간을 가졌지. 처음엔 뭐 이런 괴짜 신부가 있나 했지만 모두 신나했어.

그 기억 때문인지 성만이는 유독 문정현 신부를 따랐어.

대학 시험에 떨어졌을 땐 전북 장수에 있는 장계 성당까지 문정현 신부를 찾아와 위로를 받았고, 다음 해엔 합격했다고 찾아오고, 입학한다고 찾아오고, 군대 가서도 편지를 자주 보냈지. 어쩌다 용돈이라도 쥐어 줄라치면 큰 눈을 동그랗게 뜨고 도망치던 녀석이었어.

"그렇게 살갑게 굴던 성만이, 명동 성당에서 스스로 목숨을 버리다니!"

그 뒤로 문정현 신부는 성만이가 목숨까지 버릴 만큼 애

타게 부르짖은 '조국 통일'에도 관심을 가졌어. 그리고 대학생들이 데모를 할 때, 철없다느니 과격하다느니 하는 말을 삼갔어. 어리숙해서 실수할 수는 있지만 그들의 열정과 진실만은 보고 배워야 할 게 많다고 생각했거든. 아비의 마음으로 그들 편에서 함께 돌팔매질을 맞아 주려 했어. 동생 문규현 신부를 북한에 가게 하고, 통일 운동에 대해 생각하게 된 것도 바로 성만이의 영향이 있었지.

문정현 신부의 방엔 언제나 성만이 사진이 걸려 있어. 이제 성만이는 문정현 신부의 마음속 스승이니까.

성만이와 함께 문정현 신부에게 마음속 깊은 곳에 스승으로 자리 잡은 이가 또 한 사람 있었어. 사제 생활을 시작할 무렵부터 가까이에서 모시던 김재덕 주교님이야.

한번은 문정현 신부가 김재덕 주교님에게 몹시 대든 일이 있었어. 문정현 신부가 감옥에 가기 전, 사회 문제에 관심을 막 갖기 시작할 무렵이었어.

전주 지역의 경찰서장, 군수 들이 전주 교구에 소속된 신부님들과 정구 대회를 연다는 거야. 물론 그 속에는 천주교를 정부 편으로 끌어들이려는 속셈이 있었지.

혈기 왕성하던 문정현 신부는 당장 주교실로 달려갔어.

"정구 대회 어쩌구 하는 말이 있던데 정말입니까?"

김재덕 주교님은 드러내 놓고 말씀하지는 않았지만 문정현 신부의 활동을 지지하는 편이었어. 그래서 자신의 말을 들어주리란 기대가 있었지. 그런데 주교님에게서 아무런 대답이 없었어.

"주교님, 그 사람들 속셈을 알지 않습니까? 주교님, 정구 대회를 거절하십시오!"

"나가서 일 보게."

주교님은 말할 필요도 없다는 듯 문정현 신부의 말을 무시했어.

"주교님이 정구 대회에 참가하시면 저, 일 저지릅니다!"

협박 아닌 협박을 주교님께 하고는, 돌아가는 상황을 눈여겨보았어. 그런데 예정대로 정구 대회가 열리는 거야.

문정현 신부는 다른 신부 한 사람과 함께 시장에서 광목

*무명실로 폭이 넓게 짠 베*을 뜯어다가 '유신 독재 물러가라!'라고 썼지. 그러고는 그 광목천을 들고 정구장으로 갔어.

"유신 독재 물러가라!"

문정현 신부가 광목천을 목에 걸고는 소리쳤어.

그 바람에 정구 대회는 아수라장이 되고 말았어. 그런데 문제는 그 다음부터야.

김재덕 주교님을 비롯한 신부들의 눈길이 여간 싸늘한 게 아니야. 다른 건 몰라도 한 식구인 신부님들이 던지는 싸늘한 눈길은 마치 독화살처럼 문정현 신부의 몸에 아프게 박혔어.

주교님과 신부들은 주교님 방에서 회의를 열었어. 어떻게 그럴 수가 있느냐는 둥 문정현 신부를 처벌해야 한다는 둥 여러 말이 오갔지. 밖에서 기다리던 문정현 신부는 온 몸에 힘이 들어갔어.

신부들이 나오고 문정현 신부는 주교님 방에 들어갔어.

"이 사람아! 사람 좀 돼!"

김재덕 주교님의 첫마디였어.

하지만 문정현 신부는 억울했어. 사람이 되라니……. 옳은 일을 한 자신에게 사람이 되라니. 외롭고 처참한 기분도 들었지.

"제가 사람이 덜 됐으면, 사람도 덜 된 자를 신부랍시고 데리고 있는 주교님은 도대체 뭡니까?"

대들듯 한마디 하고 나와 버렸지.

하지만 문정현 신부는 외로움에, 고독감에 몸을 가누기가 힘들었어. 그 길로 며칠을 앓아눕고 말았지. 자신을 지지한다고 믿은 김재덕 주교님에게서 그런 말을 들은 것도, 가장 가까운 동료 신부들이 등을 돌리는 것도, 아득한 외로움으로 다가왔어. 끝을 알 수 없는 낭떠러지로 혼자서 떨어지는 느낌이었어. 도저히 견디기 힘들었지. 탈진한 것처럼 맥을 출 수가 없었어.

하지만 며칠 뒤 김재덕 주교님이 병문안을 오시고, 별말씀은 없었지만 이것으로 두 사람은 화해가 된 거야.

사실 김재덕 주교님 마음속엔 다른 계획이 있었어.

그 일이 있고 얼마 지나지 않아 서울 대학로에 있는 가톨릭 대학에서 순교자를 기리는 행사가 열렸어. 전국에서 무수히 많은 신부, 수도자, 신도 들이 모였어.

이때 김재덕 주교님은 유신 정권을 정면에서 비판하는 어마어마한 강론을 했어. 문정현 신부는 이를 미리 알고 다른 동료 신부들과 큰 태극기와 플래카드를 준비했지. 김재덕 주교님의 강론이 끝나고 수많은 사제와 수녀, 신도들이 대학로를 꽉 메웠어. 사제와 수녀들이 입을 모아 "유신 정권 물러가라!"고 외치는 순간 문정현 신부는 목이 멜 만큼 기뻤지.

"혼자가 아니라는 것, 외롭지 않다는 건 이렇게 좋은 거구나!"

혼잣말을 했어.

김재덕 주교님은 어쩔 수 없이 정구 대회는 열었지만 정부의 잘잘못을 짚을 용기와 양심을 갖고 있었던 거야. 그렇게 김재덕 주교님은 문정현 신부가 가는 길을 반듯한 눈빛으로 20년 넘게 지켜봐 주었어.

세월이 흘러, 김재덕 주교님은 건강이 나빠져 여러 차례

몸져누웠어. 그리고 성만이를 잃고 얼마 뒤, 김재덕 주교님이 마지막 순간에 문정현 신부를 찾았어.

"문 신부……."

김재덕 주교님이 힘겹게 입을 뗐어.

"지금 노동자들이 파업을 하고 있는데, 거기에 있다가 이제야 왔습니다. 주교님!"

뒤늦게 달려온 문정현 신부가 변명처럼 말했지.

"그래, 문 신부……. 잘했어, 잘…… 하고 있어……."

김재덕 신부는 힘겹게 말을 이어 나가면서 문정현 신부의 손을 붙잡았어.

"……쭉 그렇게 살아……."

'쭉 그렇게 살아.'라니, 문정현 신부는 머리가 쭈뼛 섰어. '수고했어. 이제 좀 쉬어.'라는 말이 아니라 끝까지, 죽을 때까지 그렇게 살라니. '쭉 그렇게 살아.'라는 말이 가슴에 큰 대못처럼 박혔어.

문정현 신부는 나이가 들수록 김재덕 주교님의 말씀이 새록새록 가슴속에 돋아나는 걸 느꼈어. 사람들은 문정현 신부를 위한다며 이런 말을 하기도 했지.

"그 연세에 아직도 그렇게 힘들게 사세요?"

"민주화 운동에 그만한 노고를 하셨으니 보상을 받으실 만합니다. 한자리 맡으셔야지요."

호호백발 할아버지가 되도록, 30년이 넘도록 파업 현장을 따라다니고, 거리에서 전경들과 부딪치니 얼마나 힘들겠어?

그러나 문정현 신부의 눈에는 10년 전, 20년 전과 똑같이 지금도 서러움을 겪는 사람이 많이 보이는걸. 또 한때 민주화 운동을 했다는 것이 무슨 벼슬인 양 뽐내는 사람들을 보면 죽는 순간까지 어려운 사람들과 함께한다는 것이 얼마나 힘든지 알 것 같아. 그래서 더욱 끝까지 남는 자가 되리라 새긴단다.

 ## 할아버지보고 깡패 신부라던데?

"활주로 사용료 인상을 반대한다! 반대한다!"

1996년 군산에 있는 미군 기지 앞에서 몇몇 사람들이 피켓을 들고 시위를 하고 있었어. 사람들 무리 속에 희끗희끗한 머리에 하얀 수염을 기른 할아버지가 있었어. 한 손엔 지팡이를 짚고.

맞았어, 문정현 할아버지 신부님이야.

할아버지 신부님은 동생 문규현 신부의 옥바라지를 끝내

고 몹시 지쳤어. 그럴 만도 했지, 인혁당 사건 때부터 줄곧 쉼 없이 활동을 했으니까. 할아버지 신부님은 몸과 생각을 비우고 새로운 기운을 불어넣고 싶었어. 그래서 동생이 졸업한 미국 메리놀 신학 대학으로 유학을 다녀왔어. 2년 동안 석사 과정을 끝내고 돌아와 곧장 군산 오룡동 성당으로 발령을 받았지.

전북 장수에 있는 장계 성당에서 그랬고, 익산의 창인 성당에서도 그랬듯이, 이번에도 그 고장의 문제에 관심을 가졌어. 그런데 이번에는 좀 다른 문제였어. 바로 우리 나라에 있는 미군에 관한 문제였지.

"신부님, 미군 기지에서 비행기 활주로 사용료를 갑자기 다섯 배나 올린대요."

군산에는 비행장이 따로 없어서 미군 비행장을 우리 나라 비행기들이 빌려 쓰고 있었어. 그런데 그 사용료를 미군 쪽에서 다섯 배나 올리는 바람에 문제가 불거진 거야.

"뭐? 미군이 쓰는 땅은 우리 땅이잖아? 미군들이 우리 땅을 쓰면서 돈을 내고 있나?"

"아니죠. 돈 한 푼 내지 않고 그냥 쓰고 있지요. 그러면서도 우리보고는 사용료를 내라니. 참, 한심해요. 하지만 그뿐이 아니에요. 걸핏하면 한국인 직원들을 쫓아내고요, 도박장 운영해서 돈을 벌면서도 세금 한 푼 안 내요. 미군들이 술 마시고 사고 치는 건 너무 잦아서 뉴스거리도 안 된다니까요. 술에 취해 우리 나라 사람을 함부로 때리지 않나, 지나가는 여자들을 겁탈하지 않나. 또 비행기 기름이나 온갖 무기에서 나오는 화학 물질과 생활 오폐수 들을 정화하지 않고 마구 버리고……."

그 이야기를 듣다가 할아버지 신부님은 가슴속에 꽁꽁 묻어 두었던 어린 시절 추억 하나를 떠올렸어.

한국 전쟁 때 고향 마을 황등에도 인민군이 물러난 뒤 국군과 함께 미군이 들어왔어. 미군들이 머문 건 석 달 정도밖에 안 되었지만 미군들은 잊을 수 없는 추억을 남겨 주었어.

미군들은 인민군도 함부로 하지 않았던 학교의 책걸상을 모두 부수어 난로에 넣고 불을 땠어. 그 시절 여느 아이들과 마찬가지로 정현도 미군 병사들이 던져 주는 초콜릿을 얻어 먹으러 지프차나 탱크 꽁무니를 열심히 쫓아다녔지. 미군들은 닭 모이 주듯 초콜릿, 껌 따위를 던져 주었거든.

마을 사람들은 미군들 빨래를 빨아 주거나 밥그릇을 씻어 주고는 치즈나 통조림을 받기도 했어. 정현도 미군들 밥그릇을 씻어 주고는 치즈를 받았는데 구린내 때문에 오랫동안 먹지 못하다가 시래기 국에 넣어 봤더니 완전히 고기 국물 맛이 나.

"헤이, 유! 컴 온*야, 너! 이리 와 봐*."

어느 날, 그릇을 닦아 주고 나오는데 미군 병사가 손짓을 하며 정현을 불러냈어. 호기심에 부풀어 미군 병사를 따라갔지.

학교 뒤 언덕으로 데려가더니 정현이 머리 위에 깡통을 얹고는 꼼짝 말라는 시늉을 하는 거야. 그러더니 총을 겨누었어.

'설마, 진짜로 쏘려는 건 아니겠지.'

조마조마한 마음을 겨우 참고 진정하려는데, 탕! 탕!

너무 놀란 나머지, 어린 정현은 그 자리에 털썩 주저앉고 말았어.

미군은 우리를 도와주러 왔다지만, 우리 국민을 생각하는 마음은 할아버지 신부님이 어렸을 때와 조금도 달라진 게 없었어. 우리 나라에 온 미군들은 우리 나라를 존경하거나 사랑하는 마음이 없었으니까. 가족과 멀리 떨어져 지내는 데다가 우리 나라를 하찮게 생각하는 마음까지 있으니 뭐든 마음대로였어.

할아버지 신부님은 가만히 있을 수가 없었어. 군산에 있는 미군 기지 앞에서 '활주로 사용료 인상 반대 운동'을 펼치는 동시에 '군산 미군 기지 우리 땅 찾기 시민 모임'을 만들었어. 수요일마다 미군 기지 앞에서 시위를 했어. 그러면서 한편으론 궁금증이 일었어.

'가만있자, 미군 기지가 군산에만 있는 건 아닐 텐데, 한번 알아 봐야겠군.'

할아버지 신부님은 공부를 하기 시작했어. 자료를 뒤졌지. 우리 나라에 미군 기지가 몇 군데나 있는지부터, 미군

기지 때문에 무슨 사고가 있었는지, 미군 기지가 있으면 좋은 점은 뭐고 나쁜 점은 뭔지. 또 나쁜 점은 왜 일어나는지, 고칠 수는 없는지 자료를 찾고, 전문가에게 물어보고, 미국 인터넷 사이트까지 뒤졌지.

이렇게 공부를 하다 보니 전국에 미군 기지 때문에 벌어지는 문제가 한둘이 아니야. 지방은 말할 것도 없고 명색이 우리 나라 수도인 서울 한복판에서도 미군들은 제 맘대로였어. 미군들은 용산에서 번호판 없는 승용차를 몰고 다녔어. 번호판도 없이 도로를 활보한다는 건 사고를 내거나 신호를 어겨도 붙잡을 수가 없다는 거잖아.

폭격장 옆 주민들은 낮이든 밤이든 할 것 없이 폭격 소리에 시달려야 했어. 특히 화성시에 있는 매향리 주민들은 50년 넘게 폭격 소리에 시달려 왔어. 주민을 보호하기 위해 최소한으로 지켜져야 할 안전 대책도 없이 말이야.

더욱 기가 막힌 건 미군 문제에 대해 시청, 환경부, 검찰, 경찰에 항의해도 돌아오는 대답이 똑같다는 거였어.

"죄송합니다. 단속하거나 조사할 권한이 저희한테는 없

어요. 없는 걸 어떡합니까?"

왜 단속할 권한이 없다는 걸까? 우리 나라에는 엄연히 법이 있는데? 할아버지 신부님은 모든 문제의 원인을 찾아냈어!

"50년이 넘도록 미군에게 자기네 앞마당을 사격장으로 내주고 몸살을 앓아 온 매향리 주민들은 이 나라 어디에도 하소연할 곳이 없었습니다. 군산에서 미군은 하루에 3천 톤이 넘는 폐수를 서해에 쏟아 붓고 있습니다. 하지만 그 어떤 항의도, 호소도 불가능합니다. 바로 불평등한 '소파' 때문입니다."

그래, 바로 '소파' 때문이었어. 소파란 '주한 미군 주둔군 지위 협정'의 영문 첫 글자를 딴 건데, 우리 나라에 머무는 미군에 대해 우리 나라와 미국이 맺은 협정이야. 이 협정에서는 미군 병사들이 우리 나라에서 잘못을 저질러도 우리가 처벌할 수가 없다고 되어 있어.

할아버지 신부님은 소파를 고쳐야 한다고 생각하고는 곧장 소파 개정 운동을 펼쳤어. 그러자 사람들이 저마다 한

마디씩 했어.

"우리 나라에 미군이 있어 주는 것만도 고마운데 무슨 소리야? 그런 말 꺼내지도 마!"

"이렇게 문제가 많은 미군을 아예 미국으로 돌아가라고 해야지, 무슨 협정을 고치라는 거예요?"

미군을 무조건 좋아하는 사람, 미군의 문제점을 잘 아는 사람, 저마다 의견이 달랐어.

'해야 할 일이다. 안 하면 안 되는 일이다. 다 함께 하면 좋겠지만 함께 못 할 경우 혼자라도 해야 해!'

할아버지 신부님은 천 리 길도 한 걸음부터라는 마음으로 '소파 개정 운동'을 벌였어. 하지만 쉽지는 않았어. 정부에서는 이상하리만큼 미국 앞에서는 꼬리 내린 개처럼 행동해. 때론 우리 나라 정부인지 미국 정부인지조차 헷갈릴 정도야.

미국 대사관 앞에 할아버지 신부님만 나타났다 하면 새까만 전투 모자를 쓴 전경들이 몰려들어. 전경들에게 지팡이를 휘두르며 소리를 지르고, 나무에 올라가고, 길바닥에 드러누워 "끌고 갈 테면 끌고 가 봐라!" 소리친 적이 한두 번이 아니야.

그렇게 군산에서 시작된 미군 문제에 대한 관심은 매향리, 서울 미국 대사관, 국회로 이어졌고 몇 년 동안이나 이어졌어. 그러던 가운데 2002년, 경기도 양주에서 가슴 아픈 일이 터지고 말았어.

효순이와 미선이, 열네 살 소녀 둘이 미군 장갑차에 치여 목숨을 잃은 거야.

마침 우리 나라와 일본에서 함께 여는 월드컵 축구 경기로 온 국민이 들떠 있을 때였지. 신문과 방송은 오로지 월드컵 축구 경기만 보도했어. 억울하게 죽은 사람에 대해선 관심조차 없었지. 다만 친구를 잃은 중학생 언니 오빠들만이 미군 2사단 '캠프 레드 클라우드' 앞에 모여서 눈물로 외치고 있었어.

"우리 친구를 돌려주세요!"

"우리 친구를 왜 죽였어요?"

어린 소녀, 소년들을 보니 할아버지 신부님의 마음이 찢

어지는 것 같았어. 하지만 미군들은 감정도 없는지 험상궂게 굴었어.

"겟 아웃(Get out! 꺼져)! 겟 아웃! 여기는 미국 땅이니까 나가!"

사람들이 몰려들자 우리 나라 전경이 미군 부대 앞을 에워싸고 지키는 거야.

"우리 딸들을 죽인 놈들을 우리 경찰이 보호하다니!"

할아버지 신부님과 사람들은 억울하고 분했지만 경찰에 끌려 나올 수밖에 없었어.

더 어이없고 분한 건 미군들이 하는 말이었어.

"두 소녀를 보았지만 장갑차 수십 대를 세울 수 없었다. 훈련하다 일어난 일이기 때문에 잘못이 없다."

우리 나라 소녀가 죽었지만 우리 나라 사람이 재판할 수도 없었어. 미군이 재판을 하고 무죄 판결을 내렸지.

"제대로 된 사과를 하라! 다시는 이런 일이 없도록 하라!"

무더위가 이어지는 날이나 장대비가 쏟아지는 날이나 아랑곳하지 않고 항의하고 호소했어. 미군 2사단 앞에서 규탄 시위를 벌이다 팔다리가 비틀린 채 끌려 나오기를 수차례, 전경들 다리 사이를 기어 10미터 넘게 굴러 오면서, 찢기고 다쳤지만 할아버지 신부님은 외치고 또 외쳤어. 효순이와 미선이는 죽었지만 할아버지 신부님은 살아 있으니까, 억울한 죽음을 조금이라도 달래는 길은 거리의 신부로서 있는 것뿐이었어.

하지만 아무리 소리치고, 쫓아다녀도 모이는 사람들은 겨우 쉰 사람, 아주 많이 모인다고 해도 백 사람 남짓. 사람들의 눈과 귀는 모두 월드컵 축구 경기에만 쏠려 있었어. 응원하고 손뼉 치고 흥겨워만 할 뿐 관심을 기울여 주지 않았어.

밤이면 피로와 슬픔을 안고 익산 '작은 자매의 집'으로 내려갔어.

아이들은 할아버지한테 안기고 떠들고 야단이었지. 할아버지 신부님은 서울, 양주, 의정부 등지에서 익산으로 돌아오는 길에 휴게소에서 아이들에게 줄 장난감을 사오기도 했어.

"할아버지, 어디 갔다 왔어?"

"미군들 혼내 주러 갔다 왔어. 요즘 할아버지가 미군들하고 싸우느라고 바빠. 아주 골치야."

"우리보고는 싸우지 말라고 하면서 할아버지는 왜 만날 싸워? 할아버지보고 깡패 신부라고 하던데?"

"하느님이 이웃을 내 몸처럼 사랑하라고 했는데, 미군들이 자꾸만 우리 형제들을 죽여 놓고도 잘못이 없다고 하잖아. 그래서 깡패 신부가 된 거지."

"할아버지, 축구 봐! 오늘 이탈리아하고 우리 나라하고 시합이야."

"그래? 봐야지!"

할아버지 신부님은 아이들과 수녀님, 선생님 들과 함께 축구를 보았어. 그것도 영사기를 설치해 아주 큰 화면으로 보았지. '작은 자매의 집'은 광화문 못지않게 응원 열기가 뜨거웠어.

"대~한민국! 짝짝 짝짝 짝!"

아들딸과 한마음 한뜻으로 축구를 보았어.

"슛, 아아 안타깝습니다!"

"어휴!"

"골! 골입니다!"

"야호! 만세!"

할아버지 신부님도 아이들도 모두 똑같은 마음으로 가슴을 졸였다가 또 똑같이 환호성을 보냈어. 월드컵 축구 경기에서 우승은커녕 골조차 넣어 보지 못한 우리 나라가 웬일이야? 1승을 거두고 2승을 거두고 16강까지 올라간 거야! 모두들 깜짝 놀랐어. 할아버지 신부님도 우리 나라 축구팀이 또 이겼으면, 8강에 오르고 4강에 올랐으면 하는 바람이 저절로 생겼어.

그러나 그렇게 환호하다가도 문득문득 효순이, 미선이가 떠올랐어.

"신부님, 축구 보세요? 저는 아예 안 봐요. 어린 학생들이 억울하게 죽었는데, 사람들 관심은 온통 월드컵이에요. 슬픔에는 눈 돌리지 않는 사람들이 원망스러워요."

집회장에서 만난 한 젊은이의 말이었어. 낮에는 양주에서 슬픔과 안타까운 시간을 보내고, 또 저녁에는 익산에서 아이들과 승리를 맛보는 마치 두 개의 다른 세계를 오가는 것 같은 느낌이었어.

한번은 할아버지 신부님이 사람들과 식당에 갔을 때야. 우리 나라 축구팀이 16강에 오른 다음 날이라 자연히 축구 이야기로 떠들썩했어.

"우리 나라가 16강에 들다니, 정말 기적이야, 기적! 기분이다, 내가 쏠게! 주인장, 여기 식탁마다 소주 한 병씩 돌려요."

'쏘다니? 정말 듣기 싫은 말이야.'

할아버지 신부님은 쏜다는 유행어가 참 싫었어. '총을 쏜다.' 할 때 쓰는 말이잖아. 총, 대포 이런 전쟁 무기가 끔찍하게 싫었거든. 일상생활에까지 폭력적인 말이 파고들었다는 생각에 안타까웠지.

"어휴, 저는 한 경기도 못 봤지 뭐예요."

소주병을 나르던 식당 주인이 아쉬운 듯 끼어들었어. 그때 한턱을 낸다는 사람이 대뜸, "당신, 한국 사람 맞아?" 하면서 식당 주인을 마구 호통 치는 거야.

보다 못한 할아버지 신부님이 한턱 낸다는 사람을 나무랐어.

"아니 생계를 위해서 보고 싶어도 못 보는 사람한테 지금 뭐 하는 거요? 그러는 건 광기요, 광기!"

모든 사람이 다 좋아한다고 해서 자기 맘에 안 드는 걸 억지로 좋아할 필요는 없는 거잖아. 월드컵에 온통 정신이 팔려서 다른 데에는 눈 돌릴 생각을 안 하는 것은 더 문제라고 할 수 있지.

특히 정부는 국민들 관심이 월드컵에 쏠려 있는 틈을 타 국민들이 반대할 만한 일을 마구 해치웠어. 마치 운동회 연습한다고 숙제도 미루고, 밥도 안 먹는 철부지처럼. 할아버지 신부님은 이런 상황이 무척 안타까웠어.

그런데 말이야, 2002년 월드컵 축구 경기가 끝난 뒤, 참 기분 좋은 일이 있었어.

월드컵 축구 경기가 끝나자 사람들이 관심 밖으로 밀어두던 일에 눈을 돌리기 시작한 거야. 미안한 마음까지 보태어 수천, 수만의 사람들이 효순이, 미선이의 죽음을 애도하고, 한목소리로 미군에게 항의했단다.

"효순아, 미선아, 미안하다!"

그 덕분에 50년 역사상 처음으로 미국 대통령이 미안하단 말을 했어.

비록 제대로 된 소파 개정은 이루어지지 않았지만 할아버지 신부님은 들불처럼 일어난 온 국민의 관심에 큰 힘을 얻었어.

평화를 찾아 떠나는 유랑

"꽃은 참 예쁘다, 풀꽃도 예쁘다.
이꽃 저꽃 저꽃 이꽃 예쁘지 않은 꽃은 없다~"

-이창희 시, 백창우 곡

2004년, 시원하게 바닷바람이 불어 오는 제주도에서 흥겨운 노래 마당이 열렸어.

이름난 가수, 멋진 조명은 없지만 탑동 광장에서 공연을 하는 사람 가운데 아코디언을 연주하며 노래를 부르는 할아버지가 있었어. 산타 할아버지처럼 하얀 수염을 날리면서 말이야.

다름 아닌 문정현 할아버지야.

사람들은 할아버지의 힘찬 목소리에, 지팡이를 흔드는 유쾌함에, 함께 웃고 떠들고 그러면서 평화에 대해 생각해 보는 시간을 가졌어.

팔공, 여름, 반지, 두시간, 해밀, 낮잠언니, 밥, 지선.

이게 뭐냐고? 할아버지 신부님과 함께 '평화 유랑'을 하는 사람들 이름이야. 그림을 그리고, 노래를 부르고, 글을 써서 사람들에게 평화의 씨앗을 퍼뜨리는 이들이지.

"지난 해 11월부터 유랑단을 꾸려 전국 순례를 다니고 있습니다. 국민들과 좀 더 가까이에서 만나고, 이야기를 나누고 싶어서지요."

전쟁을 막아 달라고 외치는 이라크 어린이의 얼굴과 통일을 바라는 마음을 알록달록 멋지게 그린 꽃마차를 타고, 그 동안 전국 곳곳을 누볐어.

가만, 그런데 제주도에 무슨 전쟁 위험이라도 있는 거야?

제주도 하면 까만 돌, 한라산, 시원한 바다와 물질하는 해녀가 생각나는 곳이잖아. 귀여운 조랑말 타고, 맑은 공기 마시는……. 정말 '평화'라는 말과 딱 들어맞는 곳인데, 그런 제주도에 무슨 일이 있는 걸까?

옛날 우리 나라가 일제에 해방되고 난 다음, 생각이 다르다는 까닭으로 죄 없는 사람이 죽어 나간 사건이 있었단다. 50년이 지나서야 억울한 사연이 제대로 알려졌지. 다시는 그런 일이 일어나지 않도록, 평화가 더 튼튼하게 자리 잡도록 사람들과 이야기를 나누는 거야.

"생각이 다르면 싸워서라도 같은 생각을 하게 해야지."

"북한이 쳐들어오면 어떻게 해?"

"싸움에서 이기려면 더 많은 무기를 만들어야 해."

할아버지 신부님은 이런 이야기를 들을 때마다 안타까웠어. 서로 미워하고 다투기보다는 서로 믿으며 손을 맞잡으면 될 텐데, 사람들은 사람을 해치는 무기를 만들고, 경쟁을 하려고 하잖아. 그러다 실수로라도 총을 쏘게 되면 어떻게 해? 무기를 자꾸 만들면 결국 전쟁 위험만 높아지는 꼴이라고. 손을 맞잡는 순간 같이 행복해질 텐데.

"그래, 옛날 떠돌이 약장수처럼 사람들을 모아 놓고, 재미있는 이야기를 늘어놓으면 어떨까? 평화에 대해 아주 재미있게 이야기해 보는 거야."

할아버지 신부님은 주변 사람들에게 전국을 떠돌아다닐 것을 제안했어. 평화를 퍼뜨리는 평화 유랑을 말이야.

젊은이들이 모여들었고, 이들과 1년을 약속하고, 앞으로 어떻게 평화 유랑을 해 나갈지 함께 계획하고 준비했어. 그 동안 만들어 두었던 영상물도 꺼내고, 사진이나 그림, 난타, 노래 공연도 준비했지.

"노인네가 노래는 무슨. 나는 빼고 젊은 사람들이나 노래 연습해."

이건 절대로 문정현 표가 아니야.

"내가 단장인데 가만히 있을 수 있나, 나도 노래 연습 좀 해야겠어."

문정현 표는 바로 이거야.

노래를 녹음해서는 어디를 가든지 이어폰을 귀에 꽂아 듣고, 따라 부르고 또 듣고 따라 부르고. 아주 열심히 노래 연습을 했어. 예전에 배워 둔 아코디언까지 꺼내 들었지.

하얀 수염과 지팡이, 아코디언, 거리에서 노래하는 사제.

평범하지 않으니 튀지. 그래서인지 사람들은 할아버지 신부님이 가는 곳마다 모여들었어.

"소파 개정을 외친 지 다섯 해가 지났습니다. 이제 다시 새로운 길을 떠납니다. 유랑단 '평화바람'의 발걸음은 새로운 시작입니다. 평화를 이야기하고 노래를 부르고, 춤도 추고, 펄펄 뛰며 마음을 나누고 싶습니다."

2003년 11월 14일 창단식을 하고는 2004년 한 해 동안 예순 군데 고장을 돌아다녔어. 특히 미군 부대가 있는 부산, 대구, 원주, 광주, 인천, 오산, 평택, 군산 같은 곳은 빠짐없이 돌았지.

그리고 평택시 팽성읍 대추리 마을에 평화가 깃들 때까지 잠깐 유랑을 멈추기로 했어. 이렇게 해서 할아버지 신부님이 대추리에 살게 된 거야.

처음 대추리에 왔을 때 이야기를 한번 들어 볼래?

2005년 2월 24일이었어. 대추리 들녘에 차가운 바람이 몰아치고 있었어.

알록달록 그림이 그려진 차 한 대가 대추리 어귀를 들어설 때부터 사람들은 웅성거리며 모여들었지. 지붕에 동글동글 스피커가 달려 있는 꽃마차 말이야. 주민들은 꽃마차를 보고도 놀랐지만 차에서 내린 이들의 행색을 보고는 눈이 더욱 휘둥그레졌어.

하얀 수염이 난 노인 뒤에 머리가 긴 총각, 짧은 머리 아주머니, 스물 남짓 젊은 처녀까지 행색이 하나같이 예사롭지 않아.

"어휴, 수염이 허옇게 난 게 아주 도인 같구먼."

"아이고, 무슨 이름이 그래? 여름은 뭐고, 두시간, 팔공……. 하나같이 이름이 뭐 이래."

"난, 저 총각 보고 아가씬 줄 알았어. 해밀? 해밀이 아니라 춘향이라고 불러야겠구먼."

대추리 마을 할아버지, 할머니 들은 '평화바람' 식구들

이 자기소개를 할 때마다 웃음보를 터뜨렸어.

"지금은 한 사람 힘이라도 필요한 때인데, 저희를 도와주시겠다니 고마울 뿐입니다."

김지태 대추리 마을 이장님은 할아버지 신부님 손을 꼭 잡았어.

평화바람 식구들은 곧장 대추리에서 전셋집을 구하고, 버려진 장롱이나 서랍장 들을 구해 살림을 시작했어. 할아버지 신부님은 평소엔 대추리에 있다가 주말에 익산에 내려가 아이들도 만나고 미사도 보았어.

농사일도 거들고, 이야기도 나누면서 사람들 가슴속에 꼭꼭 숨겨 두었던 사연을 듣고, 손을 잡고 같이 울고 웃으며 생활했어.

"나가세요! 우리 식당에 얼씬도 하지 마세요. 더럽게……."

한번은 평택 역에서 시민들과 함께 촛불 집회를 하고 있을 때였어. 일주일 넘게 평택 역에서 텐트를 치고 먹고 자면서 대추리의 사연을 평택 사람들에게 알리고 있었지.

밥을 먹으러 식당에 갔는데, 주인장이 노숙자인 줄 알고 나가라는 거야.

그럴 만도 했을 거야. 길게 난 수염에 한 손엔 지팡이를 짚고 걸음걸이도 불편했어. 게다가 피로가 겹쳐 얼굴과 손이 온통 새까맸거든.

할아버지 신부님은 화가 났어.

"아니 주인장, 나 노숙자 아니에요. 하지만 아무리 노숙자라고 해도 사람을 그렇게 함부로 대하면 되겠소?"

당신을 노숙자로 본 것보다 노숙자라고 사람을 함부로 대하는 주인장의 태도가 못마땅한 거야. 할아버지 신부님과 일행은 다른 식당으로 갔어. 다행히 그곳 주인은 따뜻하게 맞이해 주었어.

평화바람 식구들에 이어 많은 사람들이 대추리에 들어왔어. 시인들이 찾아와 대추리에 관한 시를 짓고, 화가들이 찾아와 대추리 마을 곳곳에 그림을 그렸어. 가수들은 대추리를 노래하고.

대추리는 점점 멋진 마을이 되었어. 하지만 주민들이 간절히 바라는, 모를 심고 벼를 거둬들이는 평화로운 날은 쉽게 오지 않았어.

대신 군인과 경찰이 대추리를 에워싸고는 포클레인을 끌고 와 대추리의 기름진 논을 파냈어. 대추리 아이들의 놀이터이자 마을의 쉼터이고 도서관, 예술관이던 대추 초등학교마저 부숴 버렸어. 가을이면 은행을 몇 가마니씩 떨어뜨리던 은행나무도, 철봉도, 미끄럼틀도 모두모두 쓰러뜨렸어.

마을 사람들이 울부짖고, 할아버지 신부님이 소리쳤지만 헛일이었어. 마을 이장님까지 감옥에 갇혀 버렸는걸.

 오늘도 거리에서

　대추리 마을 이장인 김지태 아저씨가 구속되자 마을 할아버지 할머니 들은 난리가 났어. 울고불고, 속이 터져서 가만히 있을 수가 없었어. 그래 봤자 헛일이라는 걸 알면서도 괜히 전경들에게 화를 내고는 입에서 욕지거리가 떠나질 않았어. 잠도 이룰 수가 없었어.
　"매 한 번 안 들고 키운 우리 자식이야! 그런데 감옥에 가두다니. 대학 졸업하고서 아버지 어머니가 한평생 고생

해 일군 논밭을 자신이 이어서 농사짓겠다던 아들이야. 아이고, 지태야!"

김지태 아저씨의 어머니는 더했지.

할아버지 신부님은 더는 가만히 볼 수가 없었어. 그렇다고 할 수 있는 것도 없었어.

주민들이 가장 바라는 게 대추리에서 농사지으며 사는 건데 정부에서는 그것만 빼고 다 이야기하라는 거야. 미군 기지를 대추리로 옮기는 게 옳은지 다시 한번 따져 보라는 말조차 들어주지 않아. 정부가 하는 일에 옳은지 그른지는 따지지 말고 무조건 떠나라는 거야.

'단식을 해야겠어!'

할아버지 신부님은 여러 차례 단식을 해 왔어. 인혁당 때부터 농민들과 노동자들과 함께 군산에서, 매향리에서, 의정부에서 숱하게 단식을 했지. 하지만 지금은 벌써 일흔 살인걸. 게다가 갑작스럽게 심장이 오그라드는 협심증까지 앓고 있는걸. 주변 사람들은 절대로 안 된다고 말렸어. 잘못하면 목숨이 위태로울 수도 있거든.

단식은 스스로 음식을 끊고, 상대방이 마음 돌리기를 바라는 매우 평화로운 저항 방식이야. 그래서 사람들은 단식을 하며 자신의 주장을 펼치기도 해. 이라크에 국군을 보내지 말라고 김재복 수사와 박기범 동화 작가가 단식을 했고, 천성산에 터널을 뚫어 산의 생태계를 파괴하는 짓을 멈추라고 지율 스님이 백 일이 넘도록 단식을 하기도 했어. 고통을 겪으면서까지 뜻을 호소하는 거지.

그렇지만 혹, 너희들 가운데 엄마나 아빠에게 뭔가를 요구하기 위해 밥을 먹지 않겠다는 둥 그런 말 하는 사람은 없길 바란다. 어린이들은 뼈나 심장, 위장이 덜 자란 상태니까. 다 자라서 튼튼하게 된 다음에, 너희들 양심과 신념이 시키면 그때 하렴.

미선이, 효순이가 미군 장갑차에 치여 저세상으로 떠난 지 꼭 4년이 지났어. 다시 월드컵 축구 경기가 열리고, 온 나라는 축구 이야기로 떠들썩해졌어.

평택에서 단식을 시작한 할아버지 신부님은 서울 청와대 앞으로 왔어. 사람들의 관심이 조금이라도 쏠렸으면 하는 바람 때문이었어. 단식 며칠 만에 얼굴과 몸은 반쪽이 되고, 얼굴은 더욱 새까매졌어. 심장 발작이 나서 고통스러운 순간도 몇 번이나 있었지.

"헬로우!"

한 외국인이 우리 나라 청년과 함께 단식을 하고 있는 할아버지 신부님을 찾아왔어. 미국 카네기 재단 후원으로 세계 곳곳에 있는 미군 기지 문제를 조사하는 미국인이었어. 같이 온 한국인은 통역을 맡은 자원 봉사자였고.

할아버지 신부님은 가까스로 몸을 일으켜서 손을 내밀고, 인사를 나누었어. 그러고는 영어로 대화를 나누었지. 통역으로 온 학생이 필요 없을 정도로 유창하게 말이야. 이야기를 나누다 할아버지 신부님의 목소리가 커졌어. 미군이 기지 오염을 책임지지 않는다고 목소리를 높여 화를 낸 거야.

할아버지 신부님은 영어로 성명서를 쓰기도 하고, 미국 뉴스 사이트를 검색해 주한 미군과 관련된 소식을 먼저 살펴보기도 해. 할아버지 신부님은 영어 단어를 잊지 않으려

고 영어 신문이나 잡지를 빼먹지 않고 읽기도 했어. 부지런히 책을 읽고, 공부하는 정말 성실한 할아버지 신부님이라니까.

하루가 지나고, 이틀이 지나고……. 청와대 앞에서 할아버지 신부님은 하루가 다르게 야위어 갔어. 이야기하기도 힘이 드는지 가만히 눈을 감고 앉아 있는 시간이 점점 늘어 갔어. 하지만 그런 순간에도 작은 수첩을 꺼내 뭔가를 적었어. 독재 정권 때부터 무엇이든 기록하고 적어 두는 버릇을 단식 중에도 그치지 않았지.

2006년은 할아버지 신부님에게 매우 특별한 해야.

31년 전 지팡이를 짚게 만들었던 인혁당 사건, 그 사건이 '국가 권력의 잘못으로 빚어진 억울한 사건'이라는 판결을 받았거든. 31년 만에, 할아버지 신부님과 그 가족들이 한 말이 옳다는 판결을 받은 셈이야.

"31년이야! 진실이 밝혀지는 데 31년이 걸렸어. 하지만 진실이 밝혀지는 데 걸리는 시간이 점점 짧아지고 있어. 정보 사회가 되면서 진실이 밝혀지는 시간이 10년, 5년, 3

년으로 점점 줄어들고 있다고."

할아버지 신부님은 21일 동안 단식을 했어. 이대로 주저앉을 수 없기에, 목숨을 걸고 하는 위험한 단식을 중단하고 다시 거리로 나섰어.

"내가 단식을 하면 구속된 김지태 이장을 풀어 주고, 군대도 물러가겠지 하는 한 가닥 희망도 있었습니다. 하지만 정부는 아무런 반응이 없습니다. 저는 다시 대추리로 돌아가려 합니다. 올 여름 대추리 주민을 강제로 쫓아내고 집을 부수겠다고 합니다. 저는 대추리에서 주민들과 함께하겠습니다."

남는 자가 되겠다는 할아버지.

"프로 보비스 에트 프로 물티스. 당신을 위하여, 모든 것을 위하여."

"쭉 그렇게 살아."

자신이 품었던 말, 자신에게 준 말을 할아버지 신부님은 일흔이 다 되어도 기억하고 실천하려 애쓰고 있어.

 평화로운 기억 하나

평화 하면 떠오르는 기억이 하나 있어. 처음 신부님을 가까이서 만났던 순간이기도 해.

큰 집회 장소에서 가끔 먼발치에서 보거나, 인사를 하고 악수를 한 적은 몇 번 있었지만 만나서 이런저런 이야기를 나눈 적은 없었거든.

"얼마든지 대접받으며 높은 자리에 계실 분이야. 그런데도 마다하고 늘 낮은 곳에 계셔. 정말 쉬운 일이 아니지."

다큐멘터리 사진을 찍는 친구가 입버릇처럼 말했지만, 그저 '대단한 신부님'인가 보다 했지 실제로는 어떤 분인지 잘 모를 때였어.

추석을 며칠 앞둔 때, 인사를 드릴 겸 친구와 익산 '작은 자매의 집'에 들렀지.

아주 늦은 밤, 깜깜할 때 그곳에 닿았어. 커다란 나무로 둘러싸여 있고, 주위는 고요했지.

일제 강점기 때 지었다는 건물에서 하룻밤 묵기로 했는데 '두시간'과 '해밀'이라는 남자 분도 있었어. '평화바람' 식구였지만 그땐 평화바람이 무슨 일을 하는 단체인지 잘 몰랐을 때야. 대추리 할아버지 할머니 들처럼 '두시간'은 뭐고 '해밀'은 뭘까 했지.

두시간과 해밀이 냉장고를 뒤져 부각이며 과일을 꺼내 야참을 마련하고 과일을 깎는데 그 품새가 얼마나 조신하고 깔끔하던지, 깜짝 놀랐지 뭐야.

늦은 시간이었지만 새만금에서만 나는 백합*에, 바싹한 김 부각에, 물이 뚝뚝 떨어지는 다디단 배와

*조개의 일종. 아주 맛있어.

달콤한 사과까지 아주 맛있게 먹었어. 무엇보다 바다 냄새를 가득 머금은 새만금 백합은 어찌나 쫄깃쫄깃하던지 한 솥을 비우고 또 한 솥을 비웠어.

맥주를 좋아하는 신부님은 한두 잔을 기울이며 어린 시절 이야기를 해 주기도 했어.

"나한테는 지역 감정이란 게 없어. 친가는 충청도에서 전북으로 왔고, 외가는 경상도에서 왔고. 우리 외할머니가 경상도 분이셨어. 저기 쌍계사 밑에 구례라고 있잖아. 신기하게도 경상도 분들은 말을 못 고쳐. 외할머니는 평생 경상도 말을 쓰셨다고……"

"그런데 신부님 부모님은 서로 어떻게 만나셨어요?"

"음, 그러니까 신앙촌에서였지. 옛날엔 마음 놓고 미사 드리기가 힘드니까, 신앙촌으로 이사를 하셨어. 우리 아버지가 일곱 살 때, 신앙촌으로 이사를 하셨어. 외가도 그랬고. 우리 할머니가 손주를 당신만 둔 것처럼 좋아하셨지. 할머니 등에 말을 타기도 했으니까. 또 우리 형제들이 어디서 손찌검이라도 당하고 오면 할머니가 가만두지 않았고. 지금 내 수염이 우리 외할아버지 수염이야. 똑같아. 외할아버지가 순교자에 관한 책을 자주 읽으셨는데, 그 책을 읽으면서 많이 우셨어. 실제로 우리 집안에 순교자가 있기도 하고 말이야. 순교자 후손들을 보면 어쩐지 깐깐하고, 꼬장꼬장하고 그럴 것 같아. 그냥 넘어가는 법이 없거든."

할아버지 신부님은 수염을 쓰다듬으면서 허허 웃었어. 그 말씀은 곧 당신 자신을 말하는 것 같았어. 어린 시절 이야기, 정치 이야기……. 이런저런 이야기를 나누며 밤이 깊었어.

다음 날, 모기에 물려 한쪽 눈이, 통통한 밤톨처럼 부풀어 올랐지만 그것만 빼고는 하루 내내 즐거웠어. '자매의 집' 친구들도 만나고, 식당에서 밥도 먹었지. 좀 부지런을 떨었더라면 자매의 집 친구들과 함께 밥을 먹었을 텐데, 늦잠을 자느라 놓쳤지 뭐야.

밥을 먹고 나서는 신부님 방을 구경했어. 방 한가운데 컴퓨터가 놓인 책상이 있고, 책상 둘레엔 자그마한 비디오테이프가 수도 없이 꽂혀 있어. 작은 소파가 놓여 있는 신부님 방은 아파트로 치면 아이들 공부방만 한 크기랄까, 아담하지만 정갈한 방이었어. 창 밖으로 푸른 나무가 가득 보였어.

신부님이 기르는 개, '평화'랑 '지선'과도 한참을 놀았지. 청개구리를 보고, 샐비어 꽃 꿀도 빨아 먹고.

생전 처음 성당에서 미사도 보았어.

"지금, 뭐 하는 거야? 할아버지, 지금 뭐 해?"

사제복을 입은 할아버지 신부님을 처음 본 우리 딸이 낯선지 자꾸 물었어. 하지만 할아버지 신부님께 가장 잘 어울리는 옷은 언제 봐도 사제복인 것 같아. 아주 근사하고, 편안해 보였어.

미사를 마치고, 가까운 유적지를 찾았어. 차로 10분쯤 거리에 있는 미륵사 터였어. 이곳에 우리 나라에서 가장 오래 되고 가장 큰 미륵사 탑이 있거든.

"나, 진짜로 여기서 잠도 자고 그랬어. 우리 어렸을 때 이 탑 안에 들어가 숨바꼭질도 많이 했다."

미륵사 터를 둘러보고는 할아버지 신부님이 태어나고 자

랐던 황등에서 열리는 오일장에 갔어. 점심으로 자장면을 먹기로 했거든.

그야말로 시골 장터였어. 닭 한 마리를 팔려고 나온 할머니부터 좀약, 운동화, 온갖 약재와 나무들, 과일, 생선……. 없는 게 없었어. 할아버지 신부님은 초등학교 동창생을 우연히 만나 잠깐 이야기를 나누기도 했어.

자장면 집은 다름 아닌 트럭 자장면 집이었어.

시장 한가운데 천막을 쳐 놓고, 트럭에서 면발을 뽑아. 갓 뽑아져 나온 국수 가락을 펄펄 끓는 솥에 넣고 그 자리에서 익혀 먹는 자장면이었어.

"신부님이 가장 좋아하세요."

익산 '창인 성당'에서 노동자들과 함께 생활할 때 신부님을 알게 되었다는 오두희 아줌마가 말했어. 이십 년 넘도록 신부님과 함께한 동지야.

김치도 갖다 먹고, 고춧가루까지 뿌려서 배꼽이 톡 튀어나오도록 많이 먹었어.

왁자지껄, 시장에 나온 할아버지도, 엄마 손 잡고 구경

온 아이도 모두 행복한 얼굴이야.

　이상해. 자장면을 생각하니 콧등이 찡해지네. 입에 군침이 돌아야 하는데 말이야.

　할아버지 신부님은 장난꾸러기이기도 해. 추석이라고 인사하러 온 사람들에게 농담도 하고 짓궂게 굴기도 하고, 나무라는 척도 하고. 그러면 젊은 사람들도 가만히 있지 않아. 맞장구를 치고, 때론 씨름하는 시늉까지 나오지. 소란 속에 웃음이 터져 나와.

　'더도 말고 덜도 말고 한가위만 같아라.'는 조상들 말씀이 딱 맞았어. 맛있는 것도 많이 먹고, 오랜만에 만나는 그리운 사람들. 힘든 일도 잠시 잊고 평화로운 기분에 젖어 들었어.

　"평화가 무엇입니까?

　공장에서 억울하게 쫓겨난 노동자가

　다시 공장으로 돌아가 일하는 것이 평화입니다.

　천연기념물인 두꺼비와 맹꽁이가

개발에 밀려서 사라지지 않도록

살 곳을 마련해 주는 것이 평화입니다.

움직일 수 없는 장애인이 성한 사람들 도움으로

가고 싶은 곳을 쉽게 갈 수 있게 해 주는 것이

바로 평화입니다.

이것이 바로 평화입니다."

― 2004년 5월 29일

평택에서 열린 평화 축전에서 문정현 할아버지가 한 말

평화는 가만히 있는 것이 아니라, 평화로울 수 있게끔 말하고 행동하는 것!

문정현 신부님이 하는 얘기가 귓가에 울려.

마지막 순간까지 '남는 자'가 되기 위해 스스로 낮은 곳에 있는 문정현 할아버지.

대추리를 지키려는 할아버지를 따르는 사람도 많지만, 미군 기지를 지어야 한다는 사람도 많아. 하지만 10년, 20년 뒤엔 좀 더 정확하게 알게 되겠지. 인혁당 사건의 억울함이 30여 년 만에 밝혀졌듯이, 까딱없을 것 같던 독재 정권이 무너졌듯이, 매향리 폭격장이 없어지고 도도하던 미국 대통령이 사과했듯이 조금씩 조금씩 평화의 씨앗은 싹을 틔우고 말 테니까.

아, 황등 시장에 가서 트럭 자장면을 먹고 싶다.

너희도 황등 시장에 가 봐. 트럭 자장면 집에 가서 자장면을 한번 먹어 봐. 가서 평화의 맛을 느껴 보길 바란다.